海上虹影

——黄宾虹上海三十年艺术活动之雪泥鸿爪

冷寂，荒寒，简素，率真

静穆，浑厚，沉雄，古雅

黑密厚重

浑厚华滋

中国书店

目 录

作者简介 04

序 言

——虹影如炬 引领中海探行／汪海潮 08

黄宾虹简介 13

第一章 莫愁前路无知己 17

第二章 一粟难称海，欣然汇百川 31

第三章 雪虐风号愈凛然 47

第四章 《古画微》之空谷足音 65

第五章 金石之癖逾黄金 79

第六章 许承尧知音相许 89

第七章 春申浦上负书囊 99

第八章 犹见周情孔思人 109

第九章 沟通欧亚，参彻唐宋 123

第十章 海上何缘见此君 135

第十一章 余越园法眼两求字 147

第十二章 俞剑华论画识真谛 157

初中海作品鉴赏 170

后 记 196

作者简介

初中海，字抱道，号一道、道公、予虹，斋号弘堂。1955 年生于山东。现为黄宾虹艺术研究会常务副会长、一道北京画馆馆长、中国人民大学特聘教授、中国人民大学初中海山水书法工作室导师、全国名人书画艺术界联合会艺委会副主任委员、北京中国艺术家协会副会长、中国美术家协会会员、中国书法家协会会员。被中国画坛名家网、《山东广播电视报》及中国收藏家俱乐部联合评为 21 世纪最具收藏价值的中国百名杰出画家。

出版理论著作有《一道论画》《一道论焦墨》《一道论焦墨要旨论略》《大道·大雅·黄宾虹——宾虹之黑与新安之辣》《一道论道——初中海教学论稿》《国之焦墨》《海上虹影——黄宾虹上海三十年艺术活动之雪泥鸿爪》。出版绘画专集有《一道焦墨山水》《大道至简—— 一道山水》《大道有形—— 一道焦墨山水》。出版书法专集有《初中海书法》《初中海草书千字文》等。

绘画与书法作品和理论文章先后在《美术》《美术观察》《中国画观察》《国画家》《收藏》《中国收藏》《中国书画报》《美术报》《书法导报》《人民日报》《中国艺术报》《中国信息报》《中国铁道报》《潍坊日报》《秦皇岛日报》《秦皇岛晚报》等几十家专业媒体和主流杂志作专题发表。中央电视台、中央教育电视台、北京电视台、山东电视台等众多栏目多次予以专题采访报道。

绘画作品《太行秋韵》《雾锁太行》

入选中国美协第二十次全国新人新作展；《万壑有声》获中国美协2007年全国中国画作品展最高奖；《池上无风有落晖》获中国美协2008年全国中国画作品展最高奖；2009年创作的巨幅山水画《华夏风骨图》为人民大会堂收藏，同年获中国国家画院主办的盛世丹青展三等奖。

书法作品《苏东坡题‘徐熙杏花’诗句》入选中国书法家协会主办的第四届全国新人新作展及中国首届大字书法艺术展等。

展览情况：2005年在秦皇岛举办个人书法展。2011年1月在北京789红石广场举办个人山水作品展。2013年1月在全国政协礼堂举办个人山水作品展览，并在金色大厅举行研讨会。2013在山东潍坊会展中心举办个人山水书法作品展览，在山东济南舜耕会展中心举办个人山水作品展览。2014年在中国人民大学数码大厅举办初中海山水书法工作室师生作品展览。2015年在北京艺仓空间美术馆举办个人焦墨山水展览，在北京丹凤朝阳美术馆举办个人书法展览，在北京收藏天下美术馆举办个人焦墨山水展览。2016年在798感叹号美术馆举办个人焦墨山水小品展览。

虹影如炬　引领中海探行

汪海潮

中海兄新著《海上虹影》，出版前嘱我为之作序。我乐于受命，便通读全稿，再通读，再再通读。一晃两个月时间过去，我才迟迟动笔。

因为这《海上虹影》十分好看，一改中海兄先前诸多文字，几乎杜绝了抽象、生涩的理论词汇，也没有丝毫急切企图表达某种艺术主张的意思。整本书稿鲜活地记录了黄宾虹大师上海三十年生活的方方面面，如数家珍地抖落出宾虹大师诸多趣事、雅事、艺师、琐事、杂事，将宾虹“活模活样儿”地搬到了书中，呈现在了读者面前。

谁是黄宾虹？黄宾虹到底是干啥的？通读《海上虹影》，一个简单的结论便让读者自个儿给下了：黄宾虹是一个搞文化“杂活”的人，他的杂博大，且精深。而且，他搞啥都搞到超人一等的境地，都搞到登峰造极的地步。

《海上虹影》开篇就指出：宾虹不仅仅是个画家，或是以画谋生的画匠，他更是能卓然于世千百年的文化泰斗，学养惊世骇俗的画坛巨擘。他是报人、教授、鉴定家、金石家、收藏家、书画理论家……中海旨在说明，宾虹是几千年中国文化在那个特定的历史时期熔铸成的一代宗师。他是古往今来诸多文化成就的集大成者，亦是中国文化继往开来、影响后世的一座文化高峰，尤其对中国绘画领域未来的发展更是独树一帜、独擎一炬，有着引领方向、指点迷津的意义。本人曾多次为中海兄著述作序，亦对他焦墨山水每有艺术上的突破，时时做同步跟踪研究，深知宾虹大师在他心中有着多么崇高的地位。而他长期结合对宾虹画学思想的深入研究，在自己的焦墨山水艺术探索过程中，对宾虹的认知、感受渐渐有了微妙的变化：走向全面的黄宾虹，拥抱全息的黄宾虹。

因为中海兄知道，学宾虹难，难在学养的积累，难在知识的通、博、厚，更难在像宾虹那样终生淡定面对世俗社会的喧嚣和诱惑，难在用无为之心、无欲之念，而成天下难为之大事。所以，唯有终生视万苦为甘饴、视名利为粪土的清雅之士，才能让心灵接受“虹影”之辐射，才能受“虹影”之感召。如今，《海上虹影》的写作，使中海兄在追踪宾虹艺术的圣灵之途，出现了春风拂面、心旌荡漾的妙化佳境。是啊，《海上虹影》不再是先前中海兄笔下关于绘画的理性分析、笔墨研究以及画学源流辨析，而是纵情浏览一幅幅宾虹“凡夫俗子”般的生活画图：可触、可感、可亲、可近。如故土情愫、家园情结，决定了一代宗师艺术最本质的价值高地；白岳黄山的胜境，是宾虹大师的艺术摇篮；新安山水峰岚云雾，化作了宾虹的墨韵万千……如近古稀之年一棹入蜀，“泼墨山前远近峰，米家难点万千重。青城坐雨乾坤大，入蜀方知画意浓”。如面对造化之启迪，灵动之余，几达幻境，禅味十足：“秋毫瑟瑟窗牖入，唐人缣楮无真迹。我从何处得粉本，雨淋墙头月移壁。”此乃造化与心机互参、天人合一而幻生妙境。如清雅名流雅集，以文会友于兰溪竹径，虎丘咏梅诗话，皆成一时风流，亦留下文人交友的至高准则：谈笑有鸿儒，往来无白丁。近墨者黑，近朱者赤。如与友朋鸿雁传书，交流近朱者赤。如与友朋鸿雁传书，交流金石心得，指点后学书画迷津。如与志士仁人激扬文字，或弘扬国粹，或“沟通欧亚，参悟唐宋”……

读完《海上虹影》，书中宾虹三十年上海生活的点点滴滴，似乎明白了中海兄笔墨文字的初衷所在：画非画，人也；艺非技，道也（此乃宾虹“画以人重，艺由道崇”画学思想中最重要的内容）。为序至此，便觉得欲言尽在《海上虹影》中了。本想三言两语结束本篇文字，突然想起当代绘画大师、原国家画院院长龙瑞先生在评论初中海焦墨山水时的几段话，极合本文要义：“当前中国画最缺的是文化，画家最缺的是学养。中国画博大精深，是一门综合性特别强的艺术门类。对于一个画家来说，要想让自己的艺术之树常青，就必须要培养、塑造自己的文化品格。”龙瑞由此评论初中海：“初中海的焦墨山水具有很浓的书卷气。他是一个可以沉下心来读书、写字、画画、研究学问的人。他的画通过一种独特的笔墨表达出了他自己所赋予山水的那种独特感受，在一种难见人烟远离喧嚣的画面之中所蕴含着的简远、清溢、幽淡、天真的意境，呈现出一种既古典又现代、既传承又创新、既出世又入世、既虚无缥缈又仿佛触手可及的浑然一体的文化心理结构。”

虹影如炬，照亮的康庄之道未必是艺术探索的坦途。期间孤寂难耐，曲折艰辛，深奥难解，令当今众多追宾虹者中途止步。而初中海或许是个另类，我们还是用龙瑞先生那些中肯的分析和对初中海由衷地赞许，或许也是对他永远地警醒，来点化虹影下的初中海的今天、明天吧：于文脉而言，“初中海不仅是心有默契而且是身体力行的实践者啊！我看现在绘画的圈子里，习艺者而未见道者比比皆是也。显然初中海是一个另类，一个有着明确的艺术方向并坚定地向前走的另类，就像当年寂寞的黄宾虹”。

研读《海上虹影》，写了这篇浅显的序言，作为中海兄多年的挚友和焦墨山水艺术的知音，我在内心久久对其瞩望：虽追宾虹者难，希望中海兄继续知难而上。宾虹大师的画学精髓已经融入你的血脉，你如今拥抱的又是一个“全面”的黄宾虹。你从今往后只需像宾虹大师那般“抱道自高”，“虹影”一定与你终生相伴。

“一灯之微，而得康庄之道。”尽管焦墨山水艺术探寻之路绝非坦途，尽管宾虹大师如一座远在天边、永远难以企及的高峰，但我坚信中海兄追宾虹之步万难而不止。

黄宾虹简介

黄宾虹，1907至1937年，从44岁至74岁，整整三十年，花开花谢，花谢花开，于时光之匆匆流逝中，于岁月缓缓流淌中，这位中国近现代山水绘画巨匠于上海度过了他一生之中最为多姿多彩、光彩夺目之艺术生涯：报人、教授、古玩商、鉴定家、金石家、收藏家、书画家、理论家……

其所身兼种种纷繁复杂之身份，皆是为其一生所孜孜追求之最根本目的而为之者，即是在中西画学之大坐标之上，寻求意在强化民族文化的中国画学之振兴，用心不可不谓良苦矣。笔者于兹撷取黄氏其时其地之特殊之节点，虽然雪泥鸿爪，其实亦有内在之必然，随笔成文十二篇，试图以一滴之水而映煌煌日光，予之用于宾翁之情深矣！

黑密厚重

莫愁前路无知己

第一章　莫愁前路无知己

“雅士名流，联袂观赏，叹为观止。”民国二十四年（1935）南京城之北平路，“谁”在办画展？

俗语有云“话旧堪消醉”，今夜微醺，便话一段民国画坛轶事来消此长夜。

民国二十四年，即公元1935年，11月5日，南京，正是“青山隐隐水迢迢，秋尽江南草未凋”时节，黄宾虹偕弟子戴云起、柯易叶于北平路举办画展，“峨眉、阳朔、黄山百余幅”。是年，黄氏72岁。七年前，黄宾虹以65岁高龄首游桂粤，与友人陈柱、陈中凡联袂畅游桂林、阳朔山水之胜，一路舟行于碧波之上，诗酒豪情，纵意畅怀，其自作诗云“星餐露栖不得息，鸺鹠宵啼吹筚篥。先生豪饮方高吟，料有诗名动绿林”，由此可以依稀想见宾翁当年之逸兴遄飞，何其倜傥风流。两广之游，对于黄氏山水艺术而言其意义非同寻常。此时此刻，宾翁眼前流淌着浓碧如酒之漓江水波，两岸交错叠影着突兀嶙峋之岩柱与缓缓起伏之丘峦，如此奇特，如此别致，如此异样，令宾翁情思激荡，笔墨飞扬。以此为契机，真正脱出古人藩篱，一改往日“白宾虹”萧疏雅淡之面目，而以真山真水为范本为造化“传其内涵之神”，

湖山初霽
壬辰賓虹
年八十有九

出之以鲜润、清爽、清新、透明、松灵之新貌，创作出大量写生作品。尤其是为陈柱所作八米山水长卷——《八桂豪游图》，陈柱为之倾倒，作诗盛赞："濡染大笔何淋漓，须臾灵境开禹域。千锤百炼归自然，灭尽神工鬼斧迹。一山一水妥安排，况如盘古初开辟……沉雄可似工部句，壮丽岂异平原讴。"可知，此一游历乃黄氏山水艺术一个重要节点。

"沿江弄笔衫袖污，一丛画稿匣中储。"1932年中秋佳节，宾翁又以69岁高龄携弟子由上海黄浦码头诚永丰号溯江西行入蜀，受友人四川艺术专科学校校长周稷等人之邀应聘任教，客居蜀地将近一年，遍游巴蜀山水。游乐山，乌龙寺中珍赏宋人白描观音手卷；登峨眉，夜宿雷音寺豪饮寺中陈年佳酿；流连灌县离堆、玉垒、青城诸胜，于宵深人静之时推窗观夜雨群山，枕上听风雨大作；抵重庆，揽山城，纵论画理，畅谈浙东山水、桂林山水、蜀江山水、新安山水之美，感慨"是以不读古画，不游览山川，闭门造车，自我杜撰，不可以论画也"。一路行踪所至，诗思翩翩，画兴盎然，"腰脚之健，兴趣之豪，挥毫落纸之勤而速惊人骇目"，吟诗七十余首，得画稿将近千余幅之多。"秋寒瑟瑟窗牖入，唐人缣楮无真迹。我从何处得粉本，雨淋墙头月移壁。""泼墨山前远近峰，米家难点万千重。青城坐雨乾坤大，入蜀方知画意浓。""沿皴作点三千点，点到山头气韵来。七十客中知此事，嘉陵东下不虚回。"巴山蜀水，奇也，险也，幽也，秀也，黄氏之山水艺术得此奇山异水之助，"笔酣墨饱，益见自然"，至此合浑厚与华滋于腕下，"黑密厚重，

己巳冬日
伯衡先生属正
黄宾虹画

浑厚华滋”之“黑宾虹”已见基本面貌。

翌年秋，宾翁已逾古稀，依然豪情游兴不减，偕夫人、弟子重游黄山，足迹遍游黄山之前后海；并至披云峰，凭吊乡邦前贤新安画派创始人渐江大师之墓，追思古人。黄山山水之胜，对于黄宾虹而言具有极为特殊之意义，不仅仅在于其云海松雪之奇幻，更在于黄山乃其家乡故园之文化符号。故黄氏无论走遍多少山水胜地，在其内心深处一直以为黄山之美“秀甲全国”，洵称“天下之大观”者，而宾翁终其一生皆以黄山胜景为山水艺术创作之最为重要母题。

要之，此次黄宾虹师生展，以黄氏绘画而言，应为其“黑宾虹”之首次画坛“亮相”。“黑宾虹”，黄宾虹之“黑”山水，黑密厚重，浑厚华滋，气象恢宏，品味高诣。然而阳春白雪，曲高和者自然寡也，当时画坛抑或整个文化艺术界致以微词者汹汹众矣。而且即使时至今日，无论画家、理论家，抑或收藏家，真正能够读懂“黑宾虹”者应在少数，“叶公好龙”式之喜爱或许为大多数，是故今人多以为彼时之宾翁乃孤独一人，解人不遇，真赏难求。然而，古者既有俞伯牙之“高山流水”，便有钟子期之会心解人也。1935年黄氏画展之真实情况，

当时报界之主流媒体《中央日报》曾经连续四次追踪报道画展之盛况，笔者简要摘录如下：11月6日，“远近参观者莫不赞赏，以为是纯粹国画，有士夫气，与寻常作者不同。盖专心笔墨者，辄少丘壑；富有丘壑者，拘于绳墨。研求古法而不为古法所拘，遍游名山大川，师古人兼师造化，非易言也，仿佛山阴道上应接不暇”。11月8日，“连日前往参观者非常踊跃。京日领许磨、中委邵元冲、王祺、周启刚及张默君、高一涵、陈其采、魏怀等，均前往参观，并订购多幅云”。11月10日，“参观者兴趣甚觉浓厚，有一至再至屡次不惮其劳者，欧美人称美术为养脑之粮，衣食住为养体之粮，此精神文明，显有不同。故国家之盛衰，恒视文化之高下，艺术之升降，尤关风气之转移。黄、戴、柯诸君根底古人，而不欲拘泥于古人之迹，正欲于欧美画家趋向东方文化，而渐变其西法者相类，然非无本之学可语与斯道也”。11月11日，“雅士名流，联袂观赏，叹为观止者。立委何叙甫氏以黄氏艺苑师宗，拟在栖霞别墅拓地为黄氏兴建画室之用”。随笔至此，笔者良有感慨焉。民国

时期，达官多兼名士，学养深厚，多有学贯中西者，颇有具慧眼之人。比如，当时著名之报人程沧波，其人聪颖多才，22岁毕业于上海复旦大学后留校任教十年，旋赴英国留学。1930年归国，时年28岁，即蒙陈布雷之推荐就任《中央日报》首任社长。程氏工诗文，精书法，多文晓画，很能识得黄宾虹山水粗头乱服之下所蕴含之内美，乃一具慧眼之人也，故有《中央日报》关于黄宾虹师生画展之连篇累牍之热情报道。是故真艺术不孤独，前路必有知己。

一粟难称海，欣然汇百川

第二章　一粟难称海，欣然汇百川

“一粟难称海，欣然汇百川。”民国二十四年（1935）已经名满天下的刘海粟，与谁如此之谦逊？

民国二十四年，即1935年，9月11日，彼时之上海已经微露秋意，酷暑隐退而清凉渐至，十分适合好友偶聚或文人雅集。正是在这一日，刘海粟的“海庐”寓所，高朋满座，笑语喧哗，坐而论道，抵掌论画，合绘画卷，题诗纪念，风雅之乐，其乐弥浓。其中黄宾虹翁身材颀长而面容清癯、年过古稀而神采如鹤，余者如夏敬观、谢公展、褚乐三、李健等皆是画坛名流耆宿。黄翁洵洵儒雅，古道可风，以刘氏大力弘扬中国现代文化于西方世界之举，与主人郑重言之：“我们组织了一个百川画会。百川归海，朋友们对你很器重啊！”其时，主人已名满天下并为人盛称“我国新兴艺术领袖”，然亦“连忙答谢”：“一粟难称海，欣然汇百川。愧不敢当！”

故事中两位主人公，一个年高德劭，一个年少盛名；一个雅人深致，一个惊才风逸；一个对之盛赞有加，一个则自谦不已；一个中国画学之坚定“卫道者”，一个“新兴艺术之领袖”。故事所发生之背景，所反映之20世纪30年代民国画坛之现状，所透露之黄宾虹之画学思想轨迹，其内涵也丰。

1933年，刘海粟刚届不惑之年，而作为“柏林中国美术展览筹备会委员”代表中国政府主持的中国现代绘画展览在德国柏林普鲁士美术院盛大开幕，随后两年巡展于欧洲各国。其画展之盛况，刘海粟于1935年7月21日向“柏林中国美展筹委会”所做报告中有比较详尽的描述，“当日赴会人数之多，为以前各国画展所未有，德人称为近代欧洲艺坛最壮大之盛观。计是日之到会者，各国大使、各地方政府代表、名流、学者、贵族四五千人，全德各报一致称扬，佳评五百余篇，言中国现代画神韵生动，为超绝的理想世界，为万国画所不及，轰动一时。不但为德朝野所称赞，且引起欧洲各国之注意，汉堡、敏兴、莱茵河各省，荷兰、瑞士、捷克、法、意、英、波兰各国，在当时先后

黃山鳴絃泉在
湯池之上舊有
狎浪閣最擅
勝亦以北宋人
筆法寫之
辛卯賓虹
年八十又八

函电，聘往展览，并有派人到柏林与粟面洽者，其对于欧人影响之大，震撼之深，可想而知”。“两年间已至各国大规模展览者达15次，观者数十万人，出售作品有百余帧，德国柏林美术院且特辟中国现代美术室，永久陈列吾国现代名作，以供学者研究，此亦为创举”。当时之《申报》对此画坛盛事亦有报道，高度评价此次画展“为中国现代文化吐万丈光芒”，同时所刊载之德国博物院总长奎迈尔教授就德方专门开辟“中国现代美术室”一事致刘海粟信函，以火一般之热情印证了刘氏报告中所言之盛况：“亲爱的刘海粟教授：我们屡次在新闻纸上，读到你在各国展览的情形，最近接到伦敦中国画展的目录及《泰晤士报》的批评，更知道你那伟大而有力的杰作，大为英人所欢迎，博得很多佳评，这是现代艺苑的光荣……我更严重地说，我们德国近来产生了一桩比什么都重要的事，那就是柏林美术院的中国现代名画厅的成立，刘海粟教授的佳作及其他名家的杰作，今后像太阳般永久照耀着德国民众及其他的欧罗巴人。”

刘海粟，江苏常州人。生于光绪二十二年，即公元1896年。早慧，自幼酷爱书画，

黃山鳴絃泉在湯池之上舊有柳浪閣最擅勝景以北宋人筆法寫之

辛卯賓虹

年八十八

14岁离家赴沪学习西洋画。17岁与画友在上海创立中国近代第一所正规美术学校。22岁，北上讲学于北京大学并举办第一次个人画展，为当时执掌北京大学之蔡元培所激赏。又赴日考察绘画及美术教育，回国后创办新美术团体“天马会”。23岁，代表中国新艺术界赴日参加帝国美术院开幕大典，其油画艺术深受日本画坛之推崇，被誉为“东方艺坛的狮”。归国之后著有《米勒传》《塞尚传》，介绍西方艺术，影响甚大。1928年，方逾而立之年的刘海粟即受中国政府派遣前往欧洲考察美术，与西方现代艺术大师毕加索、马蒂斯坐而论道，相对谈艺，其画作几次入选法国秋季沙龙。法国秋季沙龙，乃法国著名艺术家罗丹与雷诺阿等人于1903年所创办。该沙龙创建之初即以展现新艺术形式与风格为特色，而后逐渐成为推动法国现代艺术与发现艺术人才之重要平台，曾经孕育了野兽派、立体派等对现代艺术影响极深之艺术流派，号称“20世纪现代艺术之窗”。曾有无数富于创新风格之艺术家于此沙龙展出过作品，譬如高更、塞尚、马蒂斯、米罗、莫奈、毕加索和罗丹等皆从“此处”走上世界级艺术大师之巅峰。故法国秋季沙龙亦因此成为国际最著名、历史最悠久之大型综合性艺术展览之一，直至今日仍为执全球艺术牛耳之艺术展览，成为世界各国艺术家跃升国际舞台之重要媒介。而后，刘海粟凭借画作展出于法国

秋季沙龙之影响力，得到德国法兰克福大学之邀讲授中国绘画“六法论”而“极受德国学术界推崇”，并举办“刘氏国画展览会”，稍后又于巴黎举办旅欧画展。1932 年回国后，于上海、南京等地多次举办个人画展。1933 年冬至 1935 年，刘海粟代表中国政府再赴欧洲，主持中国现代绘画展览在德国柏林普鲁士美术院揭幕并巡展于欧洲大陆各国。1935 年 4 月刘氏载誉而归，7 月 21 日向“柏林中国美展筹委会”做详尽报告，即本文开篇所记之一幕。1933 年冬刘氏临行前，当时文化界之“巨腕儿”蔡元培与李石曾、陈公博等政府文化官员及上海美专诸位同人一起为刘海粟设宴送行，对其“不顾毁誉，努力谋我国艺术事业之建设，十分钦佩”。当时《申报》有专题报道，已经称之为“我国新兴艺术领袖”。时至 1935 年，刘氏由欧洲回国之时，的确可谓名满天下，海内皆知。

而此时之黄宾虹年过古稀又二，自黄岳山麓的歙县来至经济大都会十里洋场上海近三十年，其以金石家、鉴藏家、古玩商、报人、教授、理论家、书画家、社会活动家等诸多之身份而活跃于当时上海之艺术、学术以及收藏三大文化圈。黄宾虹为振兴中国画学，一方面潜心研究中国画学，梳理中国画史，整理中国画学理论，探讨中国画笔墨之奥，密切关注西方现代艺术之西风东渐，于东西方艺术互相对比参照之中以一种高屋建瓴而又放眼世界之胸襟，逐渐形成黄氏自己之画学思想体系。他以 1908 年之《宾虹论画》为发轫，所撰写画论连篇累牍见诸媒体，如《论上古三代图画之本源》《论两汉之石刻图画》《论魏晋六朝记载之名花》《论画法之宗唐》《论五代画院界作之创体》《论五代荆浩关仝之画》《论继荆关之董源巨然》《论北宋画学之盛》《论东坡开文人墨戏画》《论宣和图画谱之美备》《论徐熙黄筌花鸟画之

派别》及《中国画史馨香录》《古画微》为梳理中国绘画史之系列，以《笔法要旨》《六法感言》《虚与实》《画法要旨》《宾虹画语录》为探讨中国画笔墨之文论，以《中华名画——史德匿藏品影印本序》《新画法序》《古画出洋》《论中国艺术之将来》《致治以文说》《精神重于物质说》为其于“世界艺术观念”之下对于振兴中国画路径之倾心研究。尤其早在1914年为粤友陈树人《新画法》撰写序言，即提出“沟通欧亚，参彻唐宋”以期振兴民国时期“西风东渐，欧风墨雨”大势之下传统中国画学之思想，而黄氏此一画学思想之大胆之新颖于当时之国力衰竭艺术不振的时代，可谓是振聋发聩空谷足音者。另一方面，他身体力行其画学思想而奔走呼号，不仅仅同时兼职于当时各大著名艺术专科学校教授国画理论，更主要在于黄氏与志同道合之友先后组建多个旨在弘扬国粹振兴中国画学之艺术团体，如1909年秋入南社；次年入“中国书画研究会”；1912年3月入“文美会”，同年4月与友创办“贞社”；1923年10月入“停云社”；1925年下半年筹组“中国金石书画艺观学会”及其画刊《艺观》，同年9月入“广东

国画研究会”；1928年春月与众友人组织“烂漫画社”，6月以山水参加“天马会”画展；1929年1月参加“中国学会”成立大会及“寒之友”第一届美展；1930年所积极参与之中国文艺学院正式创办并被推为院长；1931年与友组织“正艺书画社”；1933年3月入成都书画社团“蓉社”，1933年冬与王济远、邓克昌、吴梦非、刘抗、王远勃、梁书、张弦、陈人浩、莫运选、诸闻韵筹办创立以中西画家共同研究书法与绘画、昌明艺学为宗旨之“百川书画会”；1934年2月入“中国画会”；1935年3月发起组织“黄山琴棋书画社”。由此可见黄宾虹之声名之著，活跃程度之高，社会影响力之强。“沟通欧亚，参彻唐宋”与“以学艺虽经纬万端，其归则一。如百川分流，同汇于海。分以极其深，尤必合以成其大”。自信坚定之品格，开放包容之胸怀，乃黄宾虹画学思想最鲜明之特征。故本文开头之一幕，黄宾虹——中国画学之坚定“卫道者”与刘海粟——“新兴艺术之领袖”，握手言欢，互致钦佩，乃其来有自，并非文人之间酸文假醋之客套也，其中所反映之民国画坛一段历史，所透露之黄氏画学思想发展轨迹之节点，甚是有着悠长之意味。

第三章　雪虐风号愈凛然

“满树敷花红绿萼，直倚危石横临陂。主人好事复好客，流霞杯浸红颇黎。”民国十三年（1924），苏州虎丘冷香阁之上一众文人墨客赏梅雅集，“诗酒冷香，极一时之乐”。“主人”为谁？所好者又为何家之“客”？

民国十三年，即1924年，时当上元佳节，黄宾虹于寓所接到南社社友而为时所称“吴江文皇帝”金松岑之一封来书，盛邀黄氏前往其所居苏州虎丘冷香阁赏梅。金氏首先于信中极道自己之思念友人之情，“宾虹先生阁下：频年相忆，未得捧手”，随后即言今年梅花之盛香雪宜人，“吾苏虎丘冷香阁，种梅三百，弟之倡导。今年花事较盛，自铁云、仲瞿后，盛会不举垂百年”，故而自己欲效古人风雅，“谨于正月二十三上午，置酒此阁，请执事惠然前来”，又因担心老友事务繁忙难以抽身，

故信中又言“苏沪往返一朝夕，易易耳”，并以虎丘之六朝经幢古物以及古人风景名胜而“撩拨”黄宾虹“恋古之癖”：“此地有梁经幢、宋石经（愣严），而段金沙、王仲瞿皆葬山下，名迹不尠。”金氏信写至此，犹恐黄宾虹不至，又使出最后一招“杀手锏”，搬出金、黄二人之挚友，“江南三名士”之一乃民国时期大藏书家高燮吹万先生代其前往黄氏住处相邀，“已属吹万过申相邀，知不暇弃也”。短短百余字之素简，所蕴涵之思友之情可谓殷殷也。

雅集，乃中国古代文人士子“以文会友”之最经典之模式版本，亦为其精致生活之最为风雅之点缀。文人雅集，若干志同道合之人，“或十日一会，或月一寻盟”，借饮酒、品茗、赏花、侍香、抚琴、唱曲等题目之名，而行以文会友、诗文唱和、书画遣兴、博古鉴赏之事，其主旨则在于切磋文艺与娱乐性灵而已，斯可谓之中国文化艺术史上独特景观。比如史上之东

晋兰亭雅集、宋人西园雅集、元之玉山雅集等。 雅集之最高境界，在于文化艺术之涵养与陶冶，在于一种学问修养之散淡与清高。

一周之后，黄宾虹冒严寒前往苏州一赴虎丘之约。早春时节，冷香阁畔，轻云淡日，梅花如雪，暗香浮动，垂柳拂水，雏莺新啼，一众文士墨客骚人风云际会，赏梅雅集，“醉吟更借梅花，逗诗魂，香沁透”，挥毫用墨，吟诗赋词，诗酒丹青皆逞一时之风流，尽享人间清旷之乐。其间，黄宾虹诗兴大发，与众人和韵赋诗——《金松岑招饮虎丘冷香阁用刘龙堪原韵》，赏梅花之盛，赞主人之殷勤，缅怀古之文人逸士之风流往迹，挥毫翰墨与友人合绘《冷香阁图卷》记录此一雅集盛会，并感

于金氏之殷殷盛情为之绘《虎丘探梅图》。

梅兰竹菊四君子，“梅”居其首，其丰富之文化内涵早已超越并置身于其自然属性之上，成为历代文人士大夫们抒写性灵吟咏胸襟表达节操之比附“标的物”。“梦里清江醉墨香，蕊寒枝瘦凛冰霜”“雪虐风号愈凛然，花中气节最高坚”“不要人夸好颜色，只留清气满乾坤”“任他桃李争欢赏，不为繁华易素心”，美辞佳句，沁入心脾。黄宾虹一生，最重做人气节；雅集主人金松岑一并雅集诸人均为南社成员，为人及学识修养皆为一时之俊彦。“挥毫落纸墨痕新，几点梅花最可人。”雅集之上，黄宾虹写梅写心，意在抒发心曲。画以人重，艺由道崇，乃黄宾虹画学思想之中最重要内容之一。黄氏咏梅诗句有“绰约风神真绝世，冰霜高洁又如何”，即为其视人品、气节为艺术灵魂之“物化”载体。黄宾虹自幼深受徽州儒学的浸染与教化，其内在之人格精神积淀着深厚之儒家文化因子，具有一种“士不可以不弘毅，任重而道远”之担当精神，一生谨奉圣人“志于道、据于德、依于仁、游于艺”之格言，讲画品首重人品。

西泠湖山日夕
相對漫興寫
此 癸巳冬日
賓虹年九十

史载，袁世凯上台之后，大肆收买各地报纸为其张目。民国三年，即1914年12月3日、4日，黄宾虹于其主笔之《神州日报》接连发表两文——《高节无名》《归田情操》，此两篇最后见报之文含蓄地袒露出黄氏在袁世凯复辟帝制之浑天浊地之时绝不随波逐流之心迹。次年，袁党中有人认识黄氏，特派筹安会成员孙莲苏前来，以厚利相许诱说其北上“共事”，黄宾虹毅然拒绝，言道：“助纣为虐，不是君子所为。”

1937年“卢沟桥事变”北平沦陷，已然年过古稀之黄宾虹伏居燕市十年，凡画均自署“予向”，画室取名“竹北簃”，均含气节不移之意。在此期间，黄氏“蜷伏故都，专心著述而研究”，以“僧渐江、程穆倩、郑遗甦皆处时艰，报其亮节清风，不为污俗所染”而自勉，潜心研究具有崇高民族气节的遗民画家，尤其致力于乡邦先贤新安画派的研究。1644年，清兵入关问鼎中原，江山易帜，新安诸家“痛失家国之沦亡，哀异族之宰割，而无力反抗，其牢骚抑郁不平之气，发为语言文字，并逐一寄于画上”（俞剑华《中国绘画史》），他们或归隐或逃禅，拒绝与新朝合作。其中，渐江遁入空门，查士标终生不仕，程邃自此取号“朽民”“垢道人”而浪迹江湖，郑旻将名字移“日”于左，以示无君之痛。是年秋，黄宾虹即开始搜罗渐江轶事，期间与远在徽州歙县许承尧书信往来多谈及此事，许氏回信之时盛赞老友“干戈扰攘中谈古书画，奇绝”，“谢绝应酬，唯于故纸堆中与蠹鱼争生活。书籍、金石，竟日不释手”，可谓黄宾虹北平生涯之“写真”。此后黄氏一年半间发表以《渐江大师事迹佚闻》为代表的一系列关于明末遗民画家之画史研究文章共76篇，进一步系统与丰富了其将“道”“德”“仁”冠于“艺”之前，视人品、气节为艺术灵魂，坚信“画以人重，艺由道崇”乃千古不磨准则之画学思想，开创了按历史人物整理文献资料的一种全新学术形式。

“黄宾虹因头痛病复发，遵医生所嘱，需静养，概不会客，请与见谅”。时当1939年冬天，黄宾虹的头疼病来得极其“突然”，极其“莫名其妙”，何故？事情还需从黄宾虹接到的一封邀宴请柬谈起。寄柬之人为一日本画家，名荒木十亩，乃黄氏二十年前经与陈师曾所介绍之画友，虽是老朋友渡海而来，然而黄宾虹则以为时当两国交战之特殊时期，民族大义为重，而朋友私谊为轻，故而有此一“头痛病”和此一帖专门写给日本画友之门楣“公告”。事后黄宾虹接过荒木十亩所留下书信一看，为另一友人中村不折邀请前往日报举办个人画展之事，黄氏一笑了之。而且，黄宾虹为了防止自己绘画流入日人之手，地方上“有索拙画者，辄概不应酬，虽投润亦不受，惧人类杂不安宁矣”，充分显示了其“雪虐风号愈凛然，花中气节最高坚”之贯穿于其一生之梅花品格。

古画微之空谷足音

第四章《古画微》之空谷足音

“中画纯以笔墨为要，章法次之。笔法、墨法，前清一代不逮古人远甚，以清代重文轻艺故耳。‘四王’、吴、恽以下，能得古人之法完全者已罕。鄙人近拟将其坠绪，逐一发明于文字中。”民国十四年（1925），沪上篆刻名家吴载和接到友人来书，书中自称“鄙人”者为“谁”，对于中国画学具有如此之真知灼见？

民国十四年，即公元1925年，从民国初来至上海而后进入20年代中期，黄宾虹之对于中国画学之探索已经渐入佳境矣。这一年，注定为黄宾虹振兴中国画学十分忙碌而又卓有成效之年，乃其与志同道合之友“咸思振作精神，表扬国画特色，共加研究”之年，亦是中国画学之曙光闪耀于东方天际之地平线之年。

是年，一方面乃黄宾虹两次贵池之游而后其绘画审美思想发生转变之始，当此际黄氏之绘画创作由注重用笔而为笔墨并重，

巨然墨法
自米氏父子
高房山吴
仲圭一脉
相承学者
宗之及董
玄宰用兼
皴带染法
娄东虞山
日益凌替
至道咸考
之中兴 八十九叟宾虹

“黑宾虹”孕育胎息于其由新安画派之清逸疏淡转向元人吴仲圭绘画黑密厚重之中，十分喜爱运用积墨法而令画面沉厚元浑。其时之绘画代表作品，如《登高望远图》《湖山深邃图》《乌渡湖上》，以及为友人易孺所作《嘉陵山水图》等诸作，画面之上墨色浓重而景物豁然，已经有其源自于吴镇、沈周与龚贤之喜爱而进行的“浓墨法”之实践，与其昔日“白宾虹”相比较而言则开始呈现出“黑宾虹”“浑厚华滋”之神韵风味。同时，黄宾虹以其媒体报人、金石鉴赏家、画家理论家之多重身份活跃于海上以及广东之艺术界，从事于多种意在振兴中国画学的多重社会艺术活动之中。是年春夏，美国著名画家爱德华·白鲁斯来至沪上收购中国古董，慕名拜访黄宾虹并请教商榷，两人因美学思想颇有共同点而相交甚欢。爱德华·白鲁斯认为：“中国对于侵略彼之疆土者，即以使侵略者受精神之侵略对付之；彼于受物质上之利益时，即以彼所有之丰富理想及彼思想家之著作为互换。其重要乃使思想界之组织起一大变化，而是两半球之不同思想有渐接近之机会……不独中国之哲学广布于吾人之生命，且美术亦深印入吾人之

脑筋中”，此一观点正与黄氏之一贯所秉持之艺术思想“道法自然，人与天近，物质有穷，精神无穷”深相吻合。黄氏与西方收藏界有识之士之交往由来已久且交友甚多，乃其以推动东学西渐而振兴中国画学之学术行动也，此一例即为可窥之一斑也。下半年，即着手筹组中国金石书画艺观学会，即本文篇首所言吴载和所接黄氏来信中所言：“中画纯以笔墨为要，章法次之。笔法、墨法，前清一代不逮古人远甚，以清代重文轻艺故耳。‘四王’、吴、恽以下，能得古人之法完全者已罕。鄙人近拟将其坠绪，逐一发明于文字中。今拟刊一画学杂志，脱稿可寄奉教也。并醵资出版《艺观》画刊，并孜孜于《艺观》画刊与杂志组稿。黄氏在与同乡老友许承尧信中殷殷致意，“湘中向乐毅君言，敦煌所出古物，当时颇多罕见之品，除赣蔡经

高房山吴
仲圭一脈
相承學者
宗之及董
玄宰用兼
皴帶染法
婁東虞山
日益凌替
至道咸為
之中興 八十九叟賓虹

台辈所得，大半为罗雪堂影印，闻入君藏者犹不乏瑰异，请示其目一二，或有照片借印更妙”。此际之黄宾虹，虽然忙碌奔波于许许多多之具体事务，然而亦凭借其敏锐之艺术感觉已经意识到，自民国初以来饱受“欧风墨雨”冲击沉寂十多年之中国画坛，复苏之兆已经屡屡有所展现，故于书信中继续与老友倾诉自己按捺不住之喜悦，“今年北京出《生春红》报后，沪上近日金石画报风行，国学曙光，其先振乎”，欣慰之情溢于言表。9月，黄氏加入同样意在振兴中国画学之广东国画研究会，参加新旧中国画以及中西绘画比较之大讨论，与同道之友共同探究中国画学之振兴。

当然，最能体现这一年黄宾虹之振兴中国画学卓有成效之标志性成果者，则是其画学著作《古画微》之出版。众所周知，黄宾虹终其一生均于中国画学抱有一种异乎寻常之历史使命感，而绝非仅仅是以一位职业画家而立于世。1904年黄宾虹44岁正于家乡歙县里居，即埋头著述，继续写作《叙摹印》《叙村居》《叙造墨》诸文，亦开始整理画论著作，裒集整合前人论画片断而摘录组合成一篇洋洋洒洒数万字属于自己理念之《画学散记》，内容则涵盖绘画之传授、空摹、沿袭、神思、气格、工力、优绌、名誉、娱志、情性、山水、烘染、设色、合作、伪误、气韵、习气等方方面面，其所涉猎之广博、学问之精深、探讨之严密，可谓一股清流注入当时以卖画谋生为“最高鹄的”之海上画坛，此文虽未正式发表，然其为黄氏自己后来之中国画学研究肇开先河。次年10月，黄氏有《宾虹论画》正式发表，连载于《国粹学报》，宛如空谷足音遗响于当日之国力衰竭艺术不振之上海滩，而后，黄氏之关于中国画学研究之文章连篇累牍见于当时诸报纸杂志。尤其是1925年底，黄氏所撰写《古画微》，堪称一部相当之系统完整美术史著作，以“画之创造，古人经过之路，学者当知有以采择之，务研究其精神，不徒师法其面貌，以自成家，要有内心之微妙”之旨，采用以史证论、以论贯史之逻辑

思维，由“上古三代图画实物之形”至“两汉图画难显之形”，论“两晋六朝创始山水画以神为重”至“唐吴道子画以气胜”“王维画由气生韵”，再论“五代北宋之尚法”而谈“南宋士夫与院画之分”，详论“元人写意之画倡于苏、米”“元季四家之逸品”而至“明画繁简之笔”及“明季节义名公之画”，慨叹“清初‘四王’之摹古”，赏析“三高僧之逸笔”与“隐逸高人之画”，略论“缙绅巨公”“金陵八家”“江浙诸省”“金石家”之画以及“太仓虞山画学之传人”“扬州八怪之变体”，直至晚清“汤戴继响‘四王’之画”、民国“沪上名流之画”，甚至“贵媛女史之画”，于其中“以画传者不啻千万”之古今名家中，择出“天资学力足以转移末俗，振饬浮靡者”而详加论述，洋洋洒洒数万言，强调“古人画迹之精神，见之记传著录评论考证，皆后学之灯也”，后来善学者“必师古人之精神，不在古人之面貌”“学古人，重神似不重貌似”“面貌随时可变，精神千古不移”，则“一灯之微，而得康庄之道，由此而驰骋于光天化日之下，为不难矣”。

“探抉唐、宋、元、明名画精意，分别源流派别，考证优绌得失，以资近今专供六法者之研究，援引丰富，议论明畅，洵习国画者必备之书。”一部《古画微》，表达着黄宾虹当时对于中国画史全面而独到之见解，亦代表着当时沪上画坛对于中国传统绘画研究之深度，更代表着中国文化界关于中国画史研究之理论高度，高屋建瓴，遗世绝响。故而，曾浓髯十分叹服，在与黄氏往来书信中大加赞赏：“公论画有过人处。”

樂只室古璽印存
精粲閎富近百年
中罕見其璽今荷
惠貺自朋之錫無以
逾此因檢蜀游拙筆
畫以呈觀卿志沈武

金石之癖逾黄金

第五章 金石之癖逾黄金

“月前承赐尊集印谱两部，搜罗至富，鉴别尤严，感荷何似。风雅道衰，得公隐中提倡保存，有如空谷足音矣。”民国元年（1912），近代进步报业开创人之一暨著名教育学者黄节致友人书信之中洋溢着无限钦佩之情，此公为谁也，而令黄节钦佩如斯？

民国元年，即公元1912年，黄节时任广东省高等学堂监督，收到上海友人黄宾虹所寄《宾虹集古玺印存》，即复书致谢好友，数语之间倾尽心中钦佩之意，并对黄宾虹所创办旨在“保存国粹，发明艺术，启人爱国之心”之艺术团体“贞社”而心怀向往：“贞社多才，闻之心往”，并约定是年暑假之时“必来沪一行，得亲辉光也”。

而1912年，黄宾虹因被人告发是“革命党”而由偏远之歙县，“连夜逃亡”至大都市上海刚刚五年。在此五年间，黄宾虹由一介默默无闻之士而发奋自强，以“神州国光社”为平台从事美术编辑出版工作，并以其所编辑之洋洋大观《美术丛书》而成为美术出版界之重镇。尤其甚者，其以“生平酷爱金石书画之学，精鉴赏，收藏汉印之富，推海内巨擘”，奠定了其于金石学界之举足轻重之地位。

金石学，乃中国考古学之前身，其以古代青铜器与石刻碑碣为主要研究对象，同时也包括竹简、甲骨文、玉器、砖瓦、封泥、兵符及明器等一般性文物，以考证其上之远古文字，而考证远古历史之典章文献与文字之演变进化以及书法雕刻图案艺术之发展，用以补充远古历史资料而论证儒家经典，

溪橋烟靄
賓虹年九十

同时亦以之涵养书画艺术。金石学创建于宋，而至清达到鼎盛，民国之后犹是余晖不减，一时之间金石学研究领域名家辈出，彬彬可观，学术研究成果频频面世。民国之初，沪上即聚集着一大批来自各地之金石学大家，黄宾虹即为其中最出名之一家，亦是学问最大之一家，曾为许多友人印谱之类书籍写过序跋，并于书信往来中为朋友答疑解惑，由此而深得朋友之敬重与推崇。

推源黄宾虹之金石癖好，始于20岁由金华回歙县应试之时，23岁写有《印述》一文。由此所开始之二十年之耕读生涯，即为“力垦荒，事金石书画”；44岁因被人告发为“革命党”而连夜逃亡至上海，即使于仓皇之中仍然不携带所收藏古印玺自钤印谱。而在上海，黄宾虹喜爱收藏古玺印依然如故，“谢客杜门，无所征逐，唯爱古权，时有所恋，尤笃好籀古”，并且其收藏所获“周秦汉魏古印，已千余钮”，是故人称“海内巨擘”。黄宾虹85岁由北平南归之时，所有行李包括其多年之收藏皆由航空托运，而随身仅带两件行李，其中之一就是一囊近千方古印，可见黄宾虹对其珍爱之甚矣。而黄宾虹去世后，夫人遵其遗嘱倾其所有收藏捐献国家，其中即有赫赫古印八百九十三方与其亲自考订之大小官印、玉印、图腾等印蜕和释文六册。

话说20世纪30年代，当时之上海滩真正能够看懂欣赏黄宾虹绘画之人可谓寥寥无几，知音难觅，然而皆推崇允称其他为当世藏印大家、古文字专家。

1918年，广东著名篆刻家李尹桑致信黄宾虹，“公日内古缘必不浅，所得玺印，想必亦多，必有新得，望印示一二以教我，至幸至幸……来示论印数话，可

谓精极，非升堂入室者，不能为此言，益我多矣”，极为钦佩黄宾虹之金石学造诣。九年之后，即1929年，李尹桑因答谢黄氏寄赠古玺印蜕回书云：“顷由吴仲珺兄寄下赐示及印蜕卅四纸，均已奉到。我公甄录之精，搜讨之勤，为自来谱录家所未有，即簠斋、愙斋亦恐未逮，所得玺印，无一不新奇真，真见所未见，将来拙伎赖以有成，亦拜公之赐也，敬谢敬谢。但盼收藏日富，印蜕源源惠下，以扩眼界，则百朋之锡，不是过也。”可见其对于黄宾虹之金石造诣愈见敬佩。

1937年，74岁高龄之黄宾虹，受友人之约前往北京为故宫鉴定书画，不久即因抗日战争爆发，交通阻隔不得南返而滞留燕京长达十年之久。燕京十年，黄氏坚持民族气节，闭门谢客，经济十分困窘，却依然钟情金石玺印，变卖自己以往收藏之“四王”山水而收藏玺印。其于《印谱考略》中自述云：“余平生亦酷嗜秦汉印，曩在京师，从友人借集四千余方，证以旧所有，汰其漫漶无复字者，疑似难信者，官印之重而无异文者，凡得若干册……余将名之曰《印仪》，以比附于式型之义。”无论歙县里居，抑或旅居海上以及蜗居燕京，对于金石之酷爱与嗜好贯穿于黄宾虹百岁之一生。考之于黄宾虹书信集，黄氏与朋友们之信件来往，最多见者即为有关古印收藏之探讨。

黄宾虹一生所撰写金石学考据方面之作甚多，所著者如《冰虹古印存十卷》《印说》《古玺印铭并序》《篆刻新论》《古印谱谈》《印序言》

《玺印自序》《古印概论》《陶玺文字合证》《古玺印中之三代图画》《玺印弁言》《古印文字证》等，堪称洋洋大观，于此可见其金石学造诣何等深厚。

“斗大黄金若无字，由它冠盖满通都”，此黄宾虹之金石爱好成癖之句也。黄宾虹 7 岁即习《说文解字》，虽幼稚童子却表现出一种对于文字之特殊颖悟力，从此与文字学结下一生之情缘，由文字学而金石学，由金石学而升华其书法之造诣，上追古玺文字、古陶文字，以至古籀秦篆，楷模晋唐楷法，深究于各类书体其递变演化之轨迹，悟“太极笔法”而归纳出“平圆留重变”五笔系统，最终奠定了其绘画崇尚“内美”之画学理念，乃其振兴中国画学之重要贡献之一也。黄宾虹对此一论题多有阐述：“三代文字，著于钟鼎……（其时）书画未分，象形诸体，往往联结参错，自成章法，最与古玺为近。故钟鼎器大，古而简约，玺印体小，纯为篆籀盘旋。求邃古者，何必泥于其器，亦重文字之精神而已”，“两汉以隶书行世，而籀篆文字，古人精神之所寄托，唯存印而已”，“画法用笔线条之美，纯从金石、书画、铜器、碑碣、造像而来，刚柔得中，笔法起承合，在乎有劲”，“金石之家，上窥商周彝器（彝器，对青铜器中礼器的通称，也叫‘尊彝’，专门祭祀祖先神灵的。后来泛指商周时期的青铜器），兼工籀篆，又能博览古今碑帖，得隶、草、真、行之趣，通书法于画法之中，深厚沉郁，神与古会，以拙胜巧，以老取妍，绝非描头画脚之徒所能比拟”等，所论极多，皆足以引领后学领会中国画之精髓所在。而我辈若以黄宾虹之画学理论而鉴赏其绘画作品，尤其是其以“黑密厚重”而著称之山水，集古籀、篆隶、章草、行草于每一笔之孜孜挥写之中，凝练而沉涩，遒劲而婀娜，“扛鼎力中见妩媚”，正是得力于其深厚之金石造诣也。

时至今日，对于黄宾虹之于中国绘画史之重要意义与学术地位，其实亦未见得认识到位，目前对其之最高评价即为“引领了传统中国画之现代再生”“其晚年抽象之作很现代，很像西方印象派之梵高、塞尚”云云。何苦必要以中国人去和西方人相提并论呢？或许此言本身即是对于中国画缺乏足够自信。黄宾虹于20世纪30年代即提出，西方印象派之有识之士正在“中国古线条着力”。其时，黄宾虹认识到西方现代派艺术发展至20世纪30年代已经充分知晓中国古画之宝贵，并开始学习中国古代绘画，而此一论点正是基于对于中国画最坚定之自信，而这种自信即令为今人亦非人人所具有，一叹！

溪橋烟靄
賓虹年九十

许承尧知音相许

第六章 许承尧知音相许

“其画超诣玄解，笔墨俱化，直追元人。其书大篆劲秀天成，味与古翕合无间。其考证古文，凿奇破难，时复惊众，而騞然理解，精邃周洽，不可更易……诗成辄邮寄，承尧目眙心骇，而愧昔之未尽知先生也。其诗状难状之景如在目前，肖物之工已为画笔所不能到；其选词妍雅，浸淫六朝，其率意者，亦足与唐人争奇，灿然古色，渊乎古声，求之近今，可谓独为其难，卓自树立者矣。”民国二十二年(1933)，大名鼎鼎之方志学家、诗人、书法家、文物鉴定收藏家许承尧写下此一段文字，则何人令其如此之推崇与钦佩？

许承尧，歙县人，与年长其十岁之黄宾虹共同师事于徽州著名学者王宗沂，亦一同参与反清革命，且具有共同之收藏癖好并共同致力于古徽歙县乡邦文化之弘扬。同乡、同学、同志、同好，两人一生知音相许，相互钦佩，莫逆于心。笔者查阅《黄宾虹文集·书信编》，黄氏与许氏通信六十六则，为黄氏与友人通信篇目之首。两个老朋友以鸿雁传书，而叙友情而谈诗画而论金石收藏而探讨如何弘扬乡邦古徽州文化，正可谓“海内存知己，天涯若比邻”者。民国十九年(1930)，许氏接到黄宾虹为其所绘《石雨草堂图》，喜不自禁，接连赋诗四首，其一云：“海上书来夜叩扉，寒斋灯苦忽光辉。喜心翻倒还惆怅，怕化仙云脱手飞。”可见对老友所赠之画珍爱之甚。

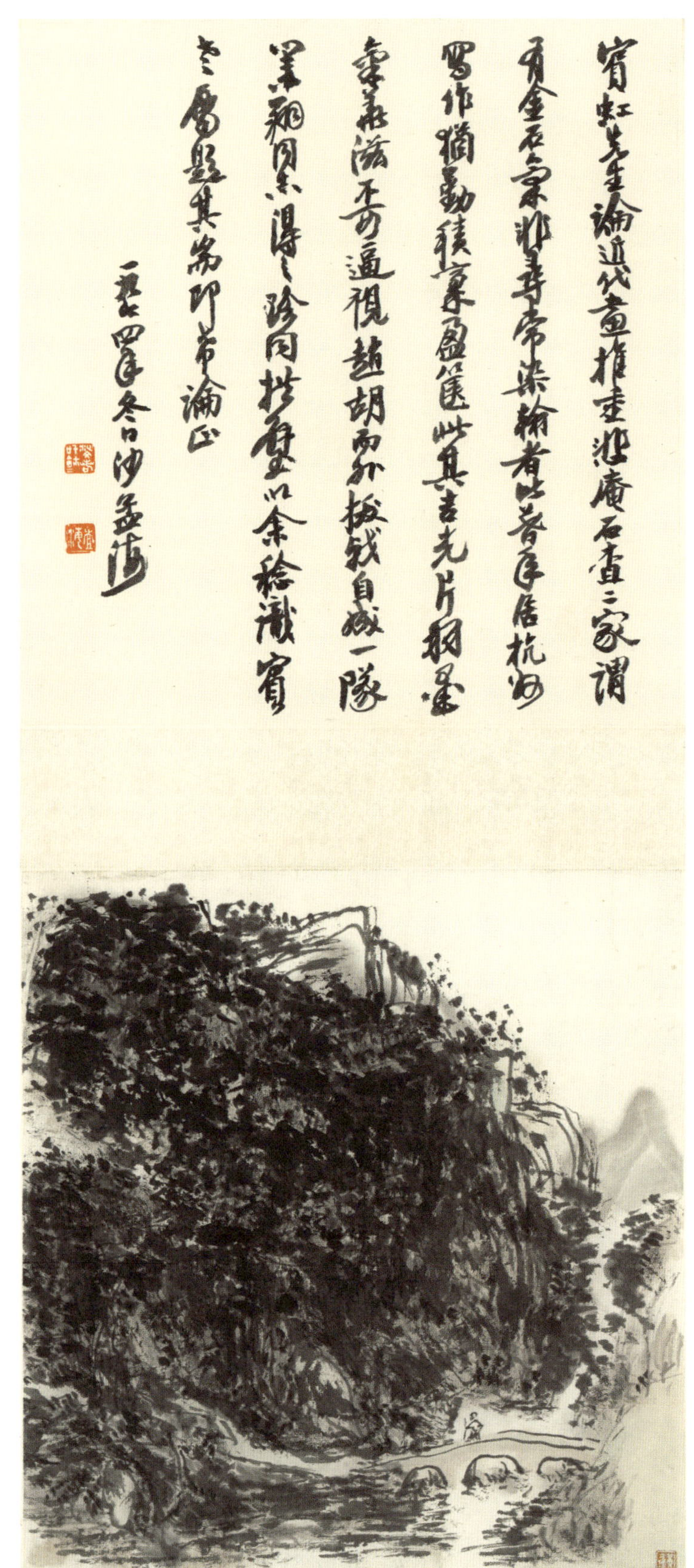

民国二十二（1923）年，时逢黄宾虹70寿辰，许氏“敬作一诗”“虔颂宾虹老兄千春”，诗句所云“人海中一灯，凝然太古色”“峥嵘落毫楮，一一尽高格”之句，将其对老友之钦佩之情尽倾笔端。是故，在许氏眼里老友黄宾虹之画之书法之金石考证之诗文皆已卓然自立，而自己则是深感“喘汗莫追”之也。本文开篇所录即为许氏同年深冬时节为黄宾虹之《宾虹诗草·蜀中杂咏》所作序。

民国二十二年，即1933年。是年，黄宾虹自家乡潭渡来至沪上近三十年矣。正是这一年之夏秋时节，黄氏自巴山蜀水之地历经一年游历而归，其间黄氏之绘画创作师法于天地造化，以造化而求证于“古法”“画理”，其画学思想与绘画造诣均已臻至一个全新之境界。是故今日之黄宾虹，其学术研究已然“著作等身”，于各类之媒体发表文章累计一千一百余篇，其内容则或金石或书画或纸砚笔墨或瓷石铜玉竹木雕刻，涉及中国古代艺术之各个方面，堪称“学渊如海”；而黄氏之于中国画学之振兴，则是负有极强之历史使命感与责任感，既以发扬国粹为主旨之各种出版、编报、结社以及执教各艺术院校为途径推动中国画学之振兴，又以“独守古法、独具面目”之绘画创作暨蕴涵中国古代哲理之画学思想之智慧而引领中国画学之振兴。此时，黄宾虹之绘画艺术虽然其所选取之道路如同“狮子独行一般”之寂寞与艰难，然而距其所期望之“破蚕成蝶”之目标已然清晰可见，黄氏自60岁之后芒鞋杖履壮游神州，饱览中华大地秀美山川，更在69岁之时一

棹入蜀，穷尽巴蜀之名胜，而得“以造化合古法”，证悟画理，得画稿千余幅，“入蜀方知画意浓”，从此其“浑厚华滋、黑密厚重”之画风日渐走向成熟。而此时之画学思想亦是正与其承载着深厚传统文化积淀之绘画创作相对应，即尤其强调提倡格外重视画家品德、学养之“士夫画”“大家画”“逸品”。如黄氏发表于1929年之《画家品格之区异》，论云：“大家画，学取众长，不分门户……笔墨之道，援之于师友，证之以诗书，临摹真迹，以尽其优长，赏鉴古人，以观其派别，集众善之变化，成一己之制作，虽曰创造，实承源流。”黄氏发表于同年之《美展国画谈》，论云：“古来逸品画格，多本高人隐士，自写性灵，不必求悦于人，即老子所云知希为贵之旨。逸品之画，世人多推云林。倪迂画法，力师荆关，极能槃礴。盖古人多文晓画，莫不游艺绘事，而惟品格甚高，功力较深者，流传后世。”黄氏发表于1932年之《画学常识》，论云：“然则欲明作画，如何而可？夫唯规矩准绳，求法度于笔墨，参差离合，验真迹于临摹；源流派别，务穷其变迁，显晦阴阳，上师诸造化；贵多读书，质疑于师友，首先立品，祛惑于魔邪。”黄氏发表于1933年之《中国名画变迁说》，论云：“盖唯士夫之画，本源深厚，胸次清旷，能具笔墨之长，不斤斤于形似者为可贵。”而稍后发表于1934年之《画法要旨》，论云：“至于道尚贯通，学贵根底。用长舍短，器属大成，如大家画者，识见既高，品诣尤至，深阐笔墨

賓虹先生論近代畫推重兆廣石查二家謂
其金石氣兼非尋常染翰者比晉年居杭州
寫作猶勤積累盈篋此其吉光片羽墨
氣淋漓不可逼視趙胡而外拔戟自成一隊
筆翰同矣得得蹤同挂壁以余稔識賓
老屬題其端即希論正

一九四四年冬日沙孟海

之奥，创造章法之真，兼文人、名家之画而有之，故能参赞造化，推陈出新，力矫时流，捄其偏僻，学古而不泥古，上下千年，纵横万里，一代之中，大家曾不数人。”

“一代之中，大家曾不数人。”综观以上黄宾虹之所论述之画学思想，而考之于黄氏之一生，始终于时世动荡之中坚守“治世以文”之信仰暨坚守“抱道自高”之学人本色，将绘画提升至必须有助民族精神传承与民族发展前行之高度而研究而创作，秉持“士不可以不弘毅，任重而道远”之文化使命感责任感，以诗、书、印、文、史、哲之全面综合修养融入绘画而孜孜以求“大家画”“士夫画”，求证其此时之所秉承之画学思想，黄宾虹即其画学思想之坚定不移之践行者，正是有其品节、学养及其笔墨，而后必有其深蕴中华民族精神之“浑厚华滋、黑密厚重”之山水奇构。

第七章 春申浦上负书囊

“明程青溪谓柳公韩画笔力能扛鼎，更劝其由作工细画，由细笔入，而后可言粗豪。故元人多从唐宋筑基，自董玄宰后，渐流轻易。清代画多薄弱，只是之因。内地唐宋画不易觏，可多对古树疏柳，不厌其繁复而临写之，精进将未可量。”民国十八年（1929），皖东青年画家林散之接到一封来书，信中所言既具长者霭霭之风谆谆教诲，更具中国画学之真知灼见，真乃好一位“开导点化”之“真师”也。此公为谁？

林散之，中国20世纪杰出之书法大师、诗人、画家，当代“草圣”，中国文化艺术史上又一位“大器晚成”之典型。名霖（以霖），字散之，安徽和县乌江人。——民国十八年之时，即公元1929年，林氏刚过而立之年，其书法、绘画于家乡皖东已然颇有名气，正师从当地著名学者张栗庵学习古诗文。恰在此时，上苍向林散之敞开一扇神秘之门，林氏从此门入，其艺术生涯则得以由地方名家而转而通向“大器晚成”之一代“草圣”之途径，一路行来，虽然行之甚坚，然而最终成就艺术生涯之大圆满，可谓福缘甚深矣。是年之某一日，林氏作《陶渊明醉酒图》，自得良久而呈之师尊张栗庵，然而其师并未以林散之所期待之赞许，而是语重心长地加以“点化”：“六法之道非可臆造，开导点化，是在真师，切不可骛于虚名，误入歧途，空度岁月。吾友黄宾虹，海内名宿，可往投之。”

用漬墨法
写蜀游山
水 庚寅夏
賓虹

黄氏之绘画，起步于明贤，而后用力于元代“四大家”，上追五代北宋，直至唐人，兼综并蓄，旁收博采，以臻大成。其绘画主张第一法则，第二意境，第三神韵，故其画学理论强调“艺之贵精，法其要也”，而习法则须从严处入、繁处入、密处入、实处入，必儒而后方可求“脱”。以此求证黄宾虹之绘画创作，则此一艺术审美思想一脉相承。其创作重视理法，讲究“法备”则“气至”，以师古人习古法为画学之慧灯，崇尚北宋（涵盖五代，以下同）为六法正轨、画学之最高境界。虽然画史多以黄氏60岁为分期，自此之后绘画开始逐渐由“白”向“黑”过渡，而笔者曾经仔细考证其早年作品，以为黄氏早在55岁之后即有崇尚北宋之理念并于其时笔墨之中约略透出些消息。而后，则尚宋之画学思想日渐清晰鲜明且充分贯穿、体现于其一生之创作实践之中。

比如，黄宾虹在与友人通信之中，即屡屡提及：“书法晋魏，画师唐宋，皆为探原之作”；“近稍习整肃，时学北宋人，期于虚中有实，而又不易于疏”；“拙笔所存旧作，以法北宋为多，黝黑而繁……然中国画仍当以元人为极则。惟明人太刚，清代太柔。皆因未从北宋筑基也”；“以为疏逸之气，尤宜于沉着浑厚追求，力思趋步北宋遗榘，积极自然摆脱，方可入妙”；“拙画莽苍，虽欲取法宋元，近年得睹名迹为多，古人功力正未到耳”；“欲求法备气至，自当从沉着浑厚，取法北宋为宜”。尤其是黄氏以古稀之年一棹入蜀，与巴山蜀水之名胜地以造化求证古法，参悟宋人画理，从而实现画学之一大跨越，为其于中国美术史之大宗师地位奠定下坚实基础。

民国十八年，即公元1929年，此时黄宾虹行年66岁，距其6岁习画，已经60年矣。其画学思想贯通古今、学综中西已然自成体系，其绘画古穆渊雅而个性鲜明为海内外所敬服，当时之各界耆宿名流无不称许有加。中国新文化运动之领军人物之一胡适盛言：“环顾宇内，求丹青如足下者，真不多觏。适于画道门外汉，亦敢私决耳。”而老友黄节则以内行之巨眼霍霍称许：“海内出公右，更有何人？”著名绘画史论家、画家、美术教育家俞剑华论之“山水浑穆淡远，直超明贤”。

此时，林散之拜师黄宾虹门下，正其时也。是年暮春时节，当来自家乡之青年学子怀着毕恭毕敬之情虔诚当面求教之时，黄宾虹即以其所一贯秉承之画学思想谆谆见教，“古来历代大家，各宗各派，在技法上千变万化，但都离不开‘笔墨’二字，书画之道，皆以笔墨为主”。

此后半年之内，一只鸿雁承载着一位国画大家之谆谆教诲，由上海频频飞往皖东。林散之虽然暂时未能侍奉于师尊左右而求教，却依然时常

賓虹

得到师尊之书面教诲："古画大家全于笔墨见长，溯源籀篆，悟其虚实，参之行草，以尽其变。墨则有积墨、破墨、泼墨、焦墨、宿墨诸法，不徒浓淡而已。细笔当如粗笔，以得回环俯仰之妙为佳。近人画学珂珞版影本，墨法全失，是学者不可不求观真迹也。影印品仅供人研究画稿之用，大雅以为然否。""雍乾以后，学者奉石谷、石涛为圭臬，非纤即犷，古法澌灭殆尽。然石谷用颤笔，石涛用积墨，皆得南宗正传，传数百年已坠之绪，端在于此。后人徒仿其面貌，岂有不入魔障者？"字里行间，散发着黄宾虹之关于中国画学大智慧之光芒：其一，中国画之民族性即在笔墨；其二，中国画之笔墨精神千古不变，而章法面貌则时时翻新；其三，画学尚宋；其四，画学重法，笔法重以书入画，墨法则有浓墨、淡墨、积墨、泼墨、破墨、焦墨、宿墨等七法；其五，绘画必先讲法而后超脱于法。

仿佛如水赴壑一般，黄宾虹之学渊似海洞见真知深深地吸引着林散之。而后，林氏放下家乡一切事务启程来沪，专心从学于黄宾虹，两年时光朝夕侍奉左右，承其师教，淬炼品学，既于书画笔墨之道深得教益，又获读恩师大量藏书与藏品，得以大开眼界，大长见识，大增学问，为日后攀登艺术之巅峰寻到一盏如炬之灯，这段时间成为林散之一生之中最难忘最宝贵之时光，直至晚年，依然深情感喟："忆昔寻师不辞远，春申浦上负书囊。斯时春江水正苍，风送江花满楼香。师以古墨作行草，淋漓示我两三行。复以余事写山岳，作画如字风雨狂。虫篆鸟文两不失，青山几点远荒荒。上蔡既没北苑死，古法奄奄熸不扬。为兹一脉不钳秘，薪火传之发真藏。"

犹见周情孔思人

第八章 犹见周情孔思人

“何缘绿酒红灯外，犹见周情孔思人。”民国八年，即公元1919年，一代文化名人“曾为梅花一断魂”之傅熊湘挥毫赋诗一首，赞赏对方身处灯红酒绿之地，心却在“周情孔思”之中。此人为谁，而博得傅氏如此之盛赞，称之为有周公孔子之高尚情操也？

傅熊湘，号钝安，别署钝根，“湘中五子”之一，文坛耆宿，诗词文兼工，而诗名更著。虽未参加南社第一次雅集，然而其具有浓厚之反清排满思想，1906年即与友人于上海创办《洞庭波》杂志、与胡适等人编辑《竞业旬报》，极力鼓吹推翻帝制，后入“南社”。而论及民国时期之“南社”，则必提及一位响当当的人物——柳亚子，南社发起人与组织者之一，亦为南社主要代表人物，此公曾与毛主席诗词唱和，成就了中国近现代诗坛上之一段千秋佳话。

1909年11月13日，深秋之苏州，依然青山隐隐，绿水迢迢，风柔天和。而历史往往则是“于无声处听惊雷”，此时之虎丘张公祠正发生着中国近代史上一件振聋发聩之大事件：南社，一个深受中国同盟会思想影响的革命文学团体于是日正式成立，不仅南社之三位发起人陈去病、高旭、柳亚

富春江中
山水一角
賓虹

子皆为中国同盟会会员，且参加此次雅集者17人均为具有革命思想之文化界名流，其中14人为中国同盟会会员，“足可证明这一次雅集革命空气的浓厚”（柳亚子《我和南社的关系》）。其结社之宗旨即在“以文字鼓吹革命”，通过研究文学而光大中华民族传统文化、提倡民族气节，故当时有“文有南社，武有黄埔”之美誉。“寂寞湖山歌舞尽，无端豪俊又重来”，乃柳亚子于南社成立大会上即席所赋诗之首联，可谓一腔豪气逸兴勃发矣。傅熊湘，虽未在南社首次雅集之17人之中，然而其确为南社中一位不可或缺之重要成员：傅氏不仅于社中所作诗词数量居首，而且于1924年初，因柳亚子与叶楚伧、邵力子等人所组织之“新南社”，而与“湘中五子”之李澄宇等人在长沙发起组织“南社湘集”以“保存南社旧观”；而且一直活动至抗战前夜，1937年春，黄氏尚为《南社湘集》第八期书耑，并使用“予向”白文印以寓其怀。由此可知傅熊湘之“南社湘集”活动时间的确很久，长达十余年，故所形成之影响亦是很大。

而早在三年之前，于号称“东南邹鲁”之古徽州，即今安徽歙县，一个以议论诗文为名而暗中宣传革命之文化团体——“黄社”宣告成立。“黄社”取明清之际思想家黄宗羲“非君”思想为宗旨，“取新学以明理，忧国家而为文”，以诗文鼓吹革命。此一年，为1906年，而发起并组织者，即为傅熊湘盛赞具有“周情孔思”之黄宾虹。

黄宾虹之人生，长达一个世纪，横跨两个时代。黄氏生于1865年，其青壮年时期正值中华民族多灾多难之际，清王朝已经日薄西山，益见没落，尤其1894年之中日甲午战争之后，中华民族所面临之民族危机愈加危急。面对如此不堪之政局，黄氏于而立之年正式宣布放弃举业，并因仰慕东汉隐士向子平与明末遗民画家恽向而为自己取字“予向”，两件事情之含义可谓意味深长，这一年乃甲午战争之前一年。而后几年间，黄氏开始密切关注国家命运，致函“公车上书”之康、梁表示支持，陈述自己“政事不图革新，国家将有灭亡之祸”之政见；贵池晤面谭嗣同，畅论维新变法，一面之后即为相知；回乡即与武举人洪佩泉、武秀才汪佐臣等乡绅设立教场，收徒练武，为反清储备力量；戊戌变法失败，谭嗣同北京遇害，黄宾虹北向挥泪，挽诗痛悼挚友云：“千年万里颂，不愧道中人”，而后为人向官告发与维新派关系匪浅而匿往外地数月方归。此后几年中，黄氏深感国事垂危报国无门，即蛰居潭渡老家，修整水利并开垦荒田千余亩之多，以兴宗祠义学，而将其全部所得用于收藏研习金石书画。然而，黄氏虽然埋首乡里，仿佛不问世事，于其胸中依然跳动着一颗爱国赤诚之心，血管中流淌着一腔报国忠贞之血，则大山外面“推翻帝制，建立共和”之革命斗争，风起云涌穿越时空，依然激荡着黄氏之心怀。1906年，黄氏正在歙县新安中学堂任国文教员，即与同事许承尧、陈去病、陈鲁得等秘密组织成立“黄社”，外人看来一如文人们吟诗作对议论诗文，实则意在反对清朝统治。所以称谓为“黄社”，是因明末遗民大思想家、“中国思想启蒙之父”——黄宗羲而得名。黄宗羲之品节学问堪称人中龙凤、儒林榜样。其为人恪尽忠孝，明亡抗清，兵败而隐居，入清不仕，著述以终老，

其为学则学渊似海，思想深邃。尤其黄宗羲生当明末清初改朝换代之时，提出“天下为主，君为客”之民主思想，认为“天下之治乱，不在一姓之兴亡，而在万民之忧乐”；“为天下之大害，君而已矣！向使无君，人各得其私也”，主张以“天下之法”取代皇帝“一家之法”，可谓具有一种鲜明之革命思想倾向，给予晚清仁人志士之反清斗争极大之思想鼓动。“黄社”之外，孙中山先生所组织成立之同盟会亦是深受黄宗羲思想之影响。一年后，黄宾虹秘密为同盟会筹款，被人以“革命党”告发，而为清政府下令通缉。而黄氏正是在此一年“闻讯出门走申沪”，从此拉开旅食沪上三十年之序幕，为日后实现自身价值开拓一条新路。三年后，柳亚子等人发起同样以诗文鼓吹革命之“南社”，黄宾虹即成为“南社”第一批 17 人之一。

徽州自东晋之末北方士族大批南迁至此而文风日盛，至南宋大理学家朱熹时期儒风益加繁盛，而以“东南邹鲁”标榜天下。故而，植根于深厚地域文化之徽地商人，皆“诗书传家”，“贾而好儒，贾儒结合”，“虽为贾者，咸近士风”。许多徽商身兼儒、仕，或为理学鸿儒，或为诗人书画篆刻家和戏曲家，或为大收藏家，经商致富之后十分热衷于家乡建设，捐资兴学，刻书藏书，修方志，邀讲学，培养弟子读书入仕，同时修宅、建祠、立坊、铺桥，不仅对地方经济文化繁荣贡献极大，而且为后世留下一笔宝贵之文化遗产。黄宾虹即出生于如许之徽商家庭，其父早年经商，晚年弃商好儒，颇有文人雅兴，好吟咏，擅榜书，喜画梅竹以自娱，深望长子黄宾虹读书上进，日后光宗耀祖。是故，黄宾虹 6 岁开始读书，接受系统之儒家思想教育；13 岁即于金华回家乡歙县应童子试，名列前茅；17 岁应院试中生员（秀才）；23 岁补廪贡生，是年又遵父命拜家乡儒学大家“于国学无所不窥”、“精音律兵术”之汪仲伊为师，读书学琴舞剑，遵师教以“尚武” 为“立身救国之本”；30 岁弃科举，而后参与革命党维新；34 岁时又以一介书生参与而连同乡里武举筹备反清武事；43 岁创立“黄社”一直到稍后参加同盟会和辛亥革命，儒家“修身、齐家、治国、平天下”，“士不可以不弘毅，任重而道远”之立身与爱国思想深深影响着黄宾虹，黄氏之于国事具有一种强烈之责任感与使命感，深刻体现出黄氏由徽州文化熏陶出来之高尚其志之人格倾向。

1907 年至本文所载 1919 年傅熊湘赠诗黄宾虹，黄氏旅食沪上已经十余年矣，乃其海上生涯之第一个十年。其时之上海，作为中国第一批开埠通商口岸凭借其时代境遇及地理位置，已是经济文化之重镇，而中国现代美术之变革演绎于此十年间即在此一“大舞台”而展开。其时西风东渐之猛烈，欧风墨雨横扫华夏大地，令许多青年艺术家对于西方文化艺术趋之若鹜。而文化知识界有识之士者则深感忧虑于神州即将陆沉、国学被视作“国故”，即以“保存国粹”、发扬“神州国光”为旗帜，于文化出版界大量编辑出版中国传统文化艺术丛书以强调传统文化之价值。黄宾虹正是这一思想之践行者。面对因社会激变所产生之精神文化困境以及艺术发展之诸多难题，他恪守中国传统士大夫之爱国赤诚，

富春江中
山水一角
賓虹

于出版界编辑出版大量具有深厚中华民族情结之书刊画册，尤其与友人邓实所合编之《美术丛书》，全套160余册，汇集中国大量美术论著，内容涵盖书画、雕刻、青铜、玉石、文艺、词典等许多门类，尤以书画为巨，堪称一座中国传统艺术之博物馆。随后于《真相画报》撰写发表《论上古三代图画之本原》《论两汉石刻图画》《论东坡开文人墨戏画》《论徐熙黄筌花鸟画之派别》等文，于探索民族文化源头入手，对中国画史研究作系统性梳理，探索其发展历史与流派演变，以此寻求中国画振兴之契机。

周情孔思，即周公、孔子之思想感情，乃中国传统文化所奉为楷模或典范之思想情操。唐人李汉之《韩昌黎集序》有云："日光玉洁，周情孔思，千态万貌，卒泽于道德仁义，炳如也。"本文开篇所言，傅熊湘盛赞黄宾虹具有"周情孔思"，乃是一种极高的赞誉。黄氏一生长达一个世纪，横跨两种时代，无论是其最初之学文习武，热衷国事，参与维新，奔走革命；抑或其后来笃志文化事业，以中国画之振兴为己任而专心绘事，最终以中国画大师而名世，其初衷与本心皆出于一片爱国之赤诚，家国之思、乡邦之念始终萦绕心头，如同周公之一饭三吐哺、一沐三握发，如同孔子之"仁以为己任，不亦重乎？死而后已，不亦远乎"，令人敬佩，让人高山仰止。

第九章 沟通欧亚，参彻唐宋

“近日沟通欧亚，参彻唐宋，探奇索赜，发扬幽隐，昌明绝艺，可拭目矣。上追往古，下启来今，学说之存，垂于久远。陈君此作，虽万古常新可也。”民国三年，即公元1914年，广东番禺籍著名画家陈树人所译述之《新画法》发行单行本，其书前序言有此一段“金玉之言”，则其为文者具有如此之博大与高远之艺术视野和艺术胸怀，谁也？

1914年，神州大地刚刚经历中国历史上之一场天地巨变，三年前“辛亥之役”推翻了两千年封建君主专制，“共和成立”，“民国肇生”，给予人民于政治、思想、文化等方面以不可低估之解放作用。而当时之上海画坛，则呈现出一种奇异之局面：一方面传统绘画因之自鸦片战争以来国力衰、竭民族自信低落等诸多方面原因而“万马齐喑”“萎靡不振”，以“豫园书画善会”“海上题襟馆”等书画团体为圈子，画家们多职业画家而卖画谋生，故其创作亦是一味迎合市民之喜好而放弃艺术精神之体现。另一方面西方绘画于国人中大兴，1911年著名画家、教育家周湘于上海创立了中国第一所私立美术学校——上海油画院，传授西洋绘画。自此之后，沪上先后所成立之上海美术专科学校、私立上海艺术大学、私立上海艺术专科学校、私立新华艺术专科学校等各个绘画学校皆是标榜兼学中西，所谓“发展东方固有的艺术，研究西方

癸巳之春
達安先生
一笑 賓虹
年九十

艺术的精英”（上海美术专科学校），“介绍西洋艺术，整理中国艺术，调和中西艺术，创造时代艺术”（“国立”杭州艺术专科学校），几乎都无一例外地引进了西方绘画及其教学模式。同时，于辛亥革命前后前往西方及日本学习美术之著名画家如刘海粟、乌始光、徐悲鸿、林风眠、颜文梁、吕凤子、丰子恺、陈之佛、潘天寿、汪亚尘等人，回国之后皆先后投身美术教育，从事西画教学，传播外国美术与新美术运动，从而培养出一大批“学贯中西”之“绘画人才”。与此相呼应，以沪上为中心各地洋画运动发展均十分迅猛，几乎所有归国留学生皆画油画水彩与素描，其时之上海如东方画会、天马会、白鹅会等各种画会、研究会以及私人画室如雨后春笋一般应运而生，纷纷办展、出刊，不遗余力地介绍西方美术。

1914年，乃黄宾虹来沪之第七个年头。此七年之间，黄宾虹以其对于中国文化最坚定之“守望者”之姿态，通过结社、编纂美术丛刊、从事对中国画理之梳理与研究并撰文写作等等一系列工作，不遗余力从事对中国千年文脉暨绘画传统之“卫道”：自1907年至沪后即加入“国学保存会”，任《国粹学报》编辑，为神州国光社编辑《神州国光集》大型画册之始；翌年，于《国粹学报》发表《宾虹论画》，从画源、法古、院体、重品、尚文等诸多方面研究探讨中国画学之三昧，与邓实开始合编包罗宏富涵盖中国各个艺术门类之《美术丛书》四集160册，历时

三年正式出版发行；加入友人之“中国书画研究会”，与好友宣哲共同发起以“保存国粹，发明艺术，启人爱国之心”为宗旨之艺术团体“贞社”并自任社长；襄办高氏兄弟所创办革命刊物《真理画报》，为之撰写一系列研究中国画学之理论文章，并为之征集古代金石书画；辑录并刊行《宾虹集古玺印存》五卷，参加“南社”历次雅集。而此时之海上画坛，“以艺治生”之画家众，而唯黄宾虹乃“以艺为寄兴”者，故其所行亦是特立独行。

同时，黄宾虹亦以一种“世界艺术”之大观念大视野，与国外收藏人士友好来往进行学术交流。据王中秀所编《黄宾虹年谱》所载，早在1911年，即黄氏甫来上海后第四个年头，黄氏即以闻名上海滩之著名收藏家、鉴定家、金石学专家身份，“与德国谛部博士订交，观其收藏古画，往来谈论甚洽。又观柯士医生收藏，为其评次”。1912年，出任以“灌输中西学识，养成商业人才”为宗旨之上海商务中学校董。1913年，开设“宙合斋”古玩店，“借以绸缪古权，晋接时俊，聊以遣日”。至年底，前文所提德国谛部与西人史德匿等在沪收藏中国古董之西人于上海博物院举办所收藏国画展览会，黄氏40年代在与傅雷书信中提及曾经与此相近时间前往参观欧人所举办收藏中国古画展，并为之鉴定一幅无款宋画乃出于梁楷，为此而扬名于欧美收藏界，极有可能即在此次展览会。1914年，西人古玩商史德匿因商业需要，为其所收藏中国古画编辑彩色图录，聘请当时海上之中外文化艺术名流翻译或作序，精印为汉英合璧之《中华名画——史德匿藏品影本》。书成甫一面世，即造成相当之轰动，各大报纸争先报道称之为“20世纪新发明”，英文《字林西报》赞之“可能为最后一批离开中国本土的古代艺术精品真迹”，构成当时国际古玩市场之一起非常成功之“营销”案例。而黄宾虹以其“世界艺术之观念”站位于国际古玩市场而为中

国传统艺术张目：不仅协助编纂，而且为之撰序，著《铜器总论》《瓷器总论》《玉器总论》等文，所发挥之重要作用不仅仅令史德匿“实所深感”，尤为重要者乃黄氏以其多重身份自觉参与支撑其绘画艺术发展之经济活动之中，从而令其“世界艺术观念”具有更加深厚之现实基础。

“沟通欧亚，参彻唐宋”，1914 年，黄宾虹为陈树人之《新画法》所作序言，即是写作于此社会、文化艺术以及美术界之大背景之下，更是黄氏所执之深厚之学术取向与广阔之艺术观念之具体表达，“古今学者，事贵善因，亦贵善变”,“善因者深明所守，而善变者会观其通也”,“画法常新，尤不废旧也”。

20 世纪初始，中华民族国力衰微，艺术不振，中国传统画学承受着欧风美雨之强烈冲击，而濒于万马齐喑之境；是故，振兴中国画学乃是黄宾虹及其友人们所必须承担之历史责任；而面对如此伟大而艰巨之文化命题，黄宾虹既不同于一味主张复古泥古不化之“传统派”，亦不同于融洽中西绘画之“折中派”，黄氏依据自己长期以来对于中国传统画学之梳理研究，并以其“世界艺术”之开阔视野，始终坚守一种“学古知新”之学术取向，孤行独诣，给予世人一份十分契合中国绘画发展规律然而行之却是十分艰巨之解答。因其所秉承“学古知新”之学术取向，故黄氏以为“画法常新，尤不废旧”，1912年受“岭南三雄”之高氏兄弟之托襄办《真理画报》之始，即言：“圣作巧述，学术相承，授受心源，虽或有时代之变迁，支派之区别，忽显忽晦，为异为同，不可殚求。而穷流竟委，各有端绪，其精思奥义，皆自卓立不群，足以留垂万世，厘然昭晰，尚未可以废也。”希望好友陈树人能够“参彻唐宋”。因其所具有“世界艺术”之积极心态、广阔视野与开放胸襟，故黄氏认为“今者西学东渐，中华文艺因亦远输欧亚，为其邦人所研几。唐宋古画，益见宝贵。茫茫宇宙，艺术变通，当有非邦域所可限制者”，故而盛赞陈树人“学贯中西，兼精绘事，著《新画法》，梓而行之，诚盛举也”，进而期望老友与自己志同道合，以“沟通欧亚，参彻唐宋”为振兴中国画学之路标，共同“探奇所赜，发扬幽显”而“昌明”已经绵延发展几千年而至今衰落萎靡之中国画学，黄氏此序可谓用心良苦至极。

海上何缘见比君

第十章 海上何缘见此君

“醰醰博雅又温文，海上何缘见此君。刻画不教差半黍，商量直欲到三坟。破铜烂铁搜罗尽，断简残编补缀勤。倘有余闲供点笔，秋事挥洒定成云。”清宣统二年，即公元1910年，为人盛称“江南大儒”“江南三名士”之一者高燮，赠诗与“博雅温文”之友，向其求印乞画，字里行间充满对其画与印之钦佩之意与喜爱之心，认为其治印大朴不雕有远古三皇之风，其绘画可至挥笔为山泼墨成云之境界。则高燮如此所赞赏之“此君”，谁也？

“南社蜚声早，金山一代英。笔摇清帝鼎，梦绕岳王坟。革命心肠热，攘夷思想新。”1958年高燮去世，人大常委会副委员长胡厥文为之作挽诗一首，褒扬恰如其分，可谓盖棺论定之言。高燮（1879—1958），江苏金山人。字时若，号吹万，又号寒隐、黄天。早年即诗名卓著，才识渊博，以天下为己任，反对晚清腐败统治，赞赏太平天国革命，主张重修《清史》，倡议将洪秀全列入《清史》之“本纪”，具有强烈之民族革命思想。光绪二十九年，即公元1903年，与其侄高旭等创办觉民社，出版以“先觉觉后觉”为宗旨之《觉民》月刊，呼号国家危亡，唤起国民觉醒，申述“国家兴亡，匹夫有责”，人人负起“救国之责任”，改铸社会，使国家独立富强，争存于世界。其所作《醒狮歌》《宝剑篇》等诗文慷慨激昂，“我愁不可遣，

王弇州論戴文進畫奕奕秀潤似近
而遠意境幽邃筆墨縱橫當是
明代高手至藍田枯硬少潤浙派
遂爲淪替茲用清墨法爲之
賓虹

理想聊自夸。地下黄民血，应开美妙花”，壮怀激烈之情呼之欲出。而正是觉民社之开启民知、反清攘夷、扶持国学、保种爱国之功，为南社之创立铺垫了充分之舆论准备。第二年，其加入广东人邓实等所创办以“研究国学，保存国粹”为宗旨之“国学保存会”。1909 年，其侄高旭与柳亚子等人发起成立革命文学团体——南社，高氏与南社结缘，继续以文字鼓吹反清革命，而名满天下之柳亚子以“叔”呼之。1912 年，高氏与高旭、柳亚子等人共同发起成立“国学商兑会”，意在“扶持国故，交换旧闻”，于当时之西风东渐日盛于一日之时而祭起国粹主义、民族主义之大旗，正其所谓“国而无学，国将立亡。学鲜真知，学又奚益”。自 1912 年至 1930 年发行会刊《国学丛选》18 本，唯以学术唤醒民族魂，影响所及于海内外。而后，又于金山张偃秦山之麓建宅院一处，取《诗经》“桑者闲闲”之意而名之“闲闲山庄”，内有水榭亭台长廊曲槛，可供以山林坐享吟啸忘忧，一时之间，高朋满座：既有南社诸子于此谈诗论文，探讨国事，抨击时弊；亦有文人墨客此间吟咏诗词，挥毫泼墨，抒发幽情。此时之高燮，俨然已有“东南文坛巨子”之声望。1918 年，柳亚子因南社内部之争而请辞主任之职，众多社友因此欲推高氏为主任，而高氏性情淡泊不喜权力而力辞不就。高氏一生唯嗜读书，品德高尚，生活作风严肃，是故友人赠其一联：“平生无践勾栏迹，至死不闻罗绮香。”

坚持雅操，抱道自高，中国士大夫之精神与情怀自古有之。孔子有云：“行己有耻，使于四方不辱君命，可谓士矣”，“君子固穷，小人穷斯滥矣”，其主旨为严于律己，忠君爱国，安贫乐道，不失节操。孟子亦云：“富贵不能淫，贫贱不能移，威武不能屈，此之谓大丈夫”，所强调者乃一股浩然正气。北宋张载将圣人所言引申概括为“为天地立心，为生民立命，为往圣继绝学，为万世开太平”之宏大抱负，可谓一语中的。这一种精神与情怀，正是中华民族千年相传、薪火不断之士大夫风骨。 高夔之人品学问，“丰于学而淡于仕，厚其实而虚其怀”，堪称旧时士大夫之典型；其与黄宾虹惺惺相惜，于黄氏之人品学问极其赞赏与钦佩。黄宾虹一生皆以学人自许，乃其本色天性如此，虽然其三十岁即立志诀别科举，也曾以豪杰自命，参与维新，奔走革命，一直到参加同盟会和辛亥革命。然而黄氏从无政治野心，其所作为既出自其一腔爱国之诚，亦是其人格倾向之必然抉择。而正是这种如古人所言“为天地立心，为生民立命，为往圣继绝学，为万世开太平”之人生抱负，贯穿于黄氏之一生及其所秉承之画学思想。辛亥革命之后，黄宾虹对于世氛日嚣之社会现状深感失望从而更加坚定从事文化事业之志向，主张“致治以文”，以精神文明而拯救人心之沉沦，通过文化建设而实现天下大治。黄氏认为“艺术之特出人才，尤多造就于世运颠连之际”，“今之学者，虽际时艰，宜加奋发”。黄氏自己尽其一生朝斯夕斯孜孜讫讫为中国画学振兴而奋斗，而且尤愿与“共盟冰雪操”志趣相投之友携手共同奋斗，“所愿诸同志，坚持雅操，抱道自高，慎勿以一时之弃取，萌其懈怠而堕厥功。士君子砥砺姱修，正可与盘根错节之下，因受磨砻而成大器，为国之光，其有豸乎”，由是观之黄宾虹之士大夫风范岂非更加光彩照人乎？

按照前文所述高氏之人生轨迹，对照黄宾虹年谱加以印证，则黄氏之所为与高燮堪称志同道合。1906 年，黄氏与友人于家乡成立黄社，其宗旨与觉民社主旨相同。而后，两人先后加入国学保存会。1909 年南社成立，则高氏与黄氏皆为核心人物。1912 年，高氏创办国学商兑会，黄氏成立贞社，其意都在保存国粹、研究国粹、发展国学与中国艺术。当其时，高氏隐然为“东南文坛巨子”，而黄氏于海上文化艺术界亦具有举足轻重之地位：一是与友人邓实所编辑出版之包罗宏富之《美术丛书》为其赢得广泛社会认同；二是其金石玺印之收藏渐入佳境，其不仅收藏精而且研究深而博，冠绝当代“为海内巨擘”；三是其绘画正处于“白宾虹”之成熟期，“尺幅之间具妙领”“传神直到秋毫末”。

王弇州論戴文進畫矣矣秀潤似遠
而遠意境幽邃筆墨縱橫當是
明代高手至藍田枯硬少潤浙派
遂爲所詬茲用清墨法爲之
賓虹

更重要之在于民国初年画坛为“商品经济”所主宰，国力衰竭，艺术不振，关注中国画理论之画家少之又少，绝大多数画家更为重视之现实只在卖画谋生，而黄氏于1908年所发表之画学著作《宾虹画论》可谓罕有其匹，从而奠定了黄宾虹在画学领域之学术地位。由此而知，高燮与黄宾虹彼此之间可谓旗鼓相当，相互仰慕，故而两人来往甚密，时常诗词唱和笔墨酬答，相知相惜之情贯穿两人一生。

据黄氏年谱所记载，1910年枫叶丹黄之时，秋光大好，高燮一时兴起，即挥笔写就一首七绝《赠黄宾虹乞印与画》：“醰醰博雅又温文，海上何缘见此君。刻画不教差半黍，商量直欲到三坟。破铜烂铁搜罗尽，断简残编补缀勤。倘有余闲供点笔，秋事挥洒定成云。”首联赞扬老友为人温文尔雅，颔联称赞黄氏所刻印大有上古之遗风，言下流露求印之意，颈联盛称老友收藏金石玺印之富与故文字研究之深，尾联则是婉言相求老友挥毫泼墨为之写绘家乡秋色。而后，黄宾虹不负老友之请托，为之写《寒隐图卷》，并于其上题诗一首，以诗言志，激励“植足清流，宅心醰粹，拯时救俗，汲汲以扶持国学为中心”之高氏，继续坚持文化事业，共同振兴国学、弘扬国粹、发扬中国文化，诗云：“君家峰泖入秋时，枫叶丹黄影渐稀。愿与共盟冰雪操，不凋青翠岁寒枝。”

余越园法眼两求字

第十一章 余越园法眼两求字

“五年前承先生赐集金文楹帖，宝藏不忍悬挂，常谓近人虽多喜写金文之人，而真能得其神理者，舍先生外，更无他人，不唯并世所无，近数百年亦无所有也，钦佩至极，颇欲更得一屏一联（大小不拘，四张六张均可），能乘兴许之否？”民国二十四年初，公元1935年元月伊始，著名史学家、鉴赏家、书画家、法学家余绍宋，因好友五年前所赠书法宝爱不忍悬挂，故修书两次恳求墨迹，短札之中激赏之情溢于言表。则为余氏所深深赞赏之“先生”，谁也？

拭去历史尘埃，中国近代史舞台之上有一树亭亭寒柯青青翠绿，十分引人注目，此君即是余绍宋。

余绍宋（1883—1949），浙江龙游县人，号越园、樾园，49岁后更号寒柯。1910年毕业于日本东京法政大学，民国元年起先后任司法部参事、次长、代理总长、高等文官惩戒委员会委员、修订法律馆顾部、北京美术学校校长、北京师范大学、北京法政大学教授、司法储材馆教务长等要职，活跃于其时之政治舞台。余氏出身书香门第，才华横溢，学艺醇博，修其内而遣其外，平生旨趣皆在金石书画、画学论著与方志编纂，其家藏宏富，诗文俱佳，书画并妙，且精于鉴赏，长于方志，著有《书画书录解题》《画法要录》《寒柯堂集》，亦为文化艺术界一大家。

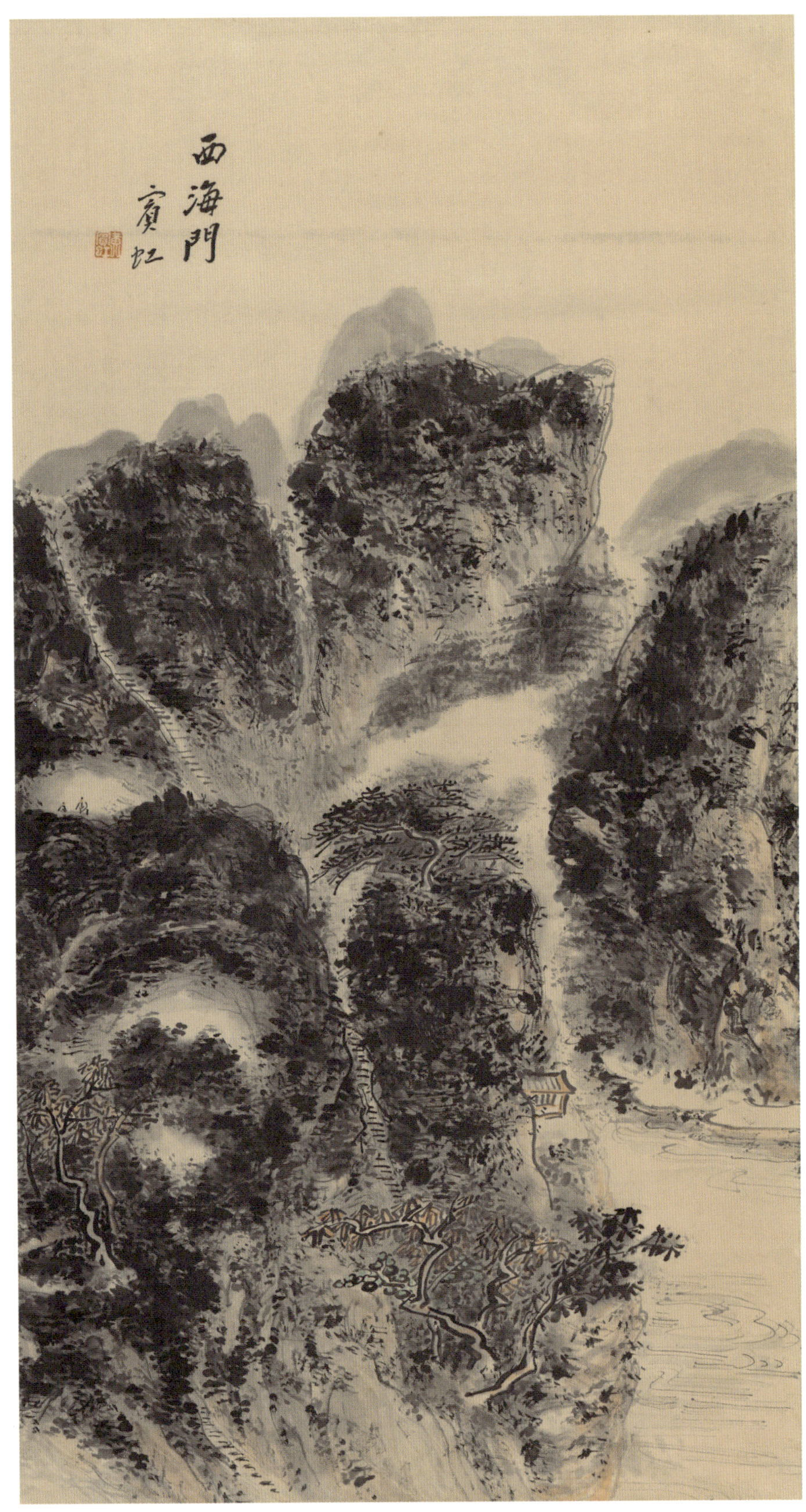
西海門
賓虹

其所著《书画书录解题》辑录中国两千年书画著述，以现代科学分类法予以分类归纳，并对每一种著作加以考辨与评价，可谓我国专类目录学之奠基人；其所主修民国《龙游县志》《浙江通志》于中国方志学史占有重要一席，为近代大儒梁启超所盛赞，被方志学界誉为“中国旧体例志书的绝唱”。尤其是于1934年9月开始主编杭州《东南日报》副刊“金石书画”半月刊，期期以“使古人精神所寄，渐以浸渍于人心，有所观摩，有所凭借，庶足以发其兴趣，油然生敬爱故国之思，而乐于从事，以渐臻夫发扬光大之域”，以极其严谨之治学戮力传播中国文化，弘扬国粹。余氏书画得自七代家传，八法六法皆擅，书宗章草，善写松竹木石，亦作山水，喜用焦墨，气韵沛然。

余绍宋此信中所言金文，乃铸刻于商周青铜器之铭文，亦叫钟鼎文。金文书法，乃以金文笔意所创作之书法。金文书体，一般称为大篆或籀书，亦称古籀。商代金文，结体瘦长，结构严谨，用笔遒劲，笔意凝重。周之金文，早期则清秀隽美，首尾出锋，波磔明显；至晚期时，波磔更加明显，大小得体，形态生动。清乾嘉以来而至民国时期金石学大盛，金石研究与金石书法创作大行其道，崇恩、罗振玉、王国维、王懿荣、叶昌炽、朱剑心、马衡、孙少斌等专事研究金石学诸家之外，尚有黄宾虹氏对于夏商周三代以及先秦时期金石文字深入研习，尤其对于先秦六国古玺文字之考订及肖形“图腾”之研究更加精审，由此而深明“篆籀笔法递变各端”。是

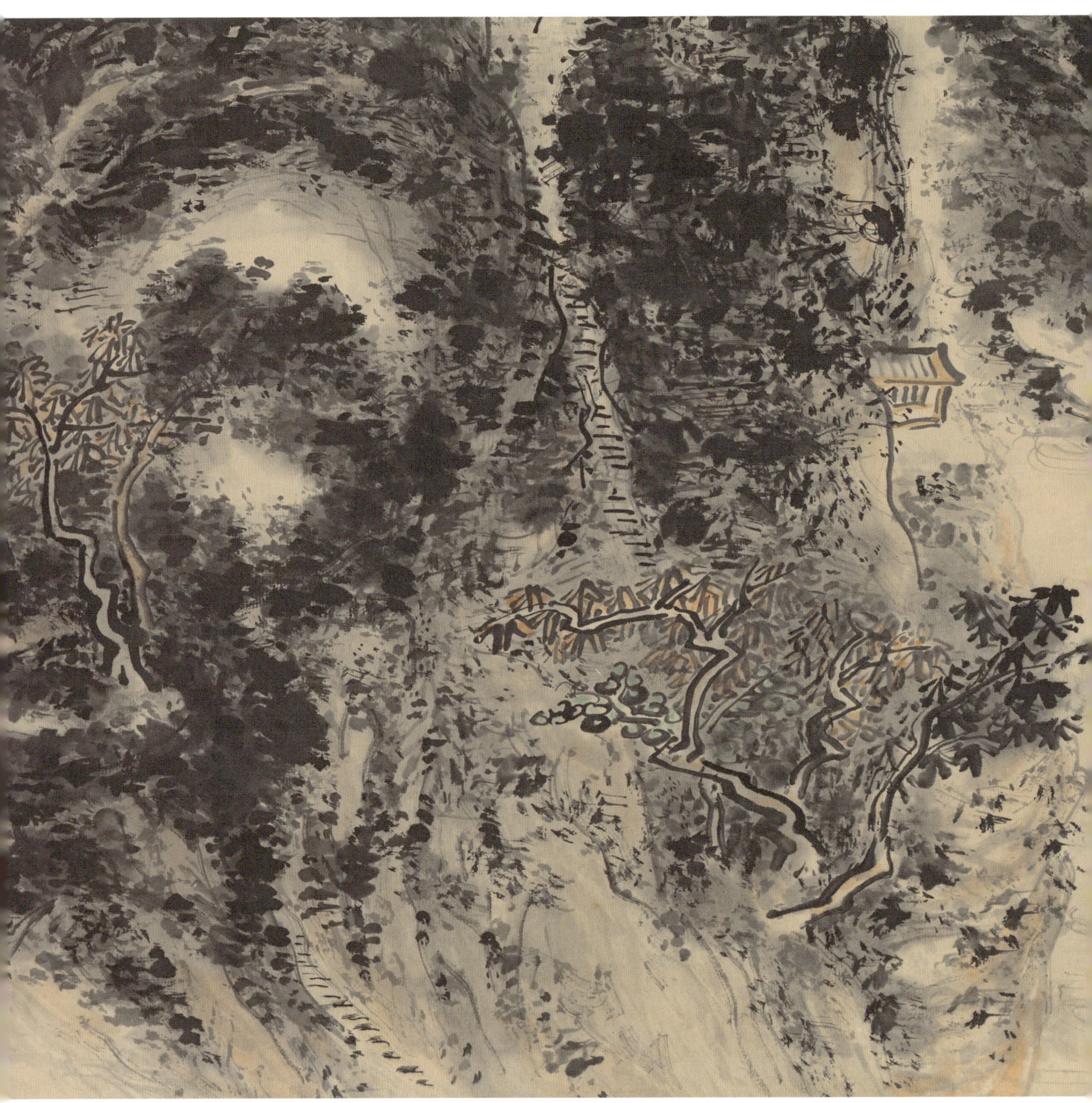

故民国之初黄氏年近五十岁之时来至沪上，最受友朋推崇者即是其古文字研究，不仅经常有人写信向其通报所藏玺印征求释文，而且黄氏摹写古玺之篆籀书法亦为同道之人所“艳羡”而宝藏。

黄宾虹一生以画名世，其精妙超俗之书法造诣则为其画名所掩，而黄氏对于自己书法极其自信，曾对弟子石谷风言其“书法胜于绘画”。

以黄宾虹之艺术观而言，书法与中国画尤其是山水画之渊源，乃在于远古时期“字画不分”具有质朴图形之古文字，而后古文字成熟发展并讲究为“书法”，则升华为绘画尤其“文人画”之用笔之“法”，故而黄氏于其艺术思想理论中反复强调重申，“欲明画法，先究书法”，“画之道在书法中”。黄宾虹之书法学问，其渊如海，上至三代及先秦六国之玺印古陶文字，以至秦小篆及秦汉间草隶以降之晋唐楷法等各类书体，其皆深究其递变之轨迹与演化之形态，尽其一生临池不辍。以金石入于书法，以书法入于绘画，将金石书画冶之一炉。其绘画“一钩一勒，皆圆笔中锋，所画浑朴沉稳，无不得力于金文”，从中悟出千古绘画之秘“太极笔法”——积点成线、一波三折，归纳总结出中国绘画用笔“五法”——平、圆、留、重、变，为中国画学理论宝库写下最具特色、最闪光之篇章。而黄氏之金文大篆，“以神使气，全由自然中生出真力”（墨一），“走笔之时，出力又不出力，故能松动吐气；当在波磔巧变之时，毫端忽作警蛇游动态，故于转折遒劲处，多有生趣”（王伯敏），一种自然天趣洋溢，一种真力弥漫充盈，其“参差离合，妙合自然”之美，与古代先民“图画象形，书画未分”之率真质朴神韵心领神契，而与当时书坛所习见之雄强蛮霸或者矫饰经营之风大异其趣，是故深受慧眼如余绍宋诸友人所喜爱。

1928年，即民国十七年，余绍宋辞职由北地回南方定居杭州。翌年8月5日，于沪上赴叶恭绰之宴结识黄宾虹。7日，黄氏以地主之谊做东宴请余氏，余氏深感“宾虹新识，气味甚好”，而引为至交，正所谓古人所云“白头如新，倾盖如故”是也，从此二人诗文书画互赠酬答，以学相砥砺，共同致力于中国画学大道，为之灯火传薪。是年秋，黄宾虹赠扇面与篆联与余氏，联云：“清名甫里怀皮陆，游迹西湖见白苏。”以唐宋时期苏杭两地关注民生诗名卓著之皮日休、陆龟蒙、白居易、苏轼来喻余氏之品学才华。余绍宋收到之后十分欣喜，“感谢不可言，稍闲自当作画奉正于方家，兼答雅爱”。

而更为有趣者，此事犹有下文，即本文开头所引余绍宋致老友黄宾虹之书：“五年前承先生赐集金文楹帖，宝藏不忍悬挂，常谓近人虽多喜写金文之人，而真能得其神理者，舍先生外，更无他人，不唯并世所无，近数百年亦无所有也，钦佩至极，颇欲更得一屏一联（大小不拘，四张六张均可），能乘兴许之否？”而黄宾虹接信后亦不拂老友雅兴，即兴又为之篆联并于所复信中详论篆籀笔法之变迁。1月22日，余氏于杭州接到黄宾虹海上书信与篆联，大喜而激赏之，亟作书答谢：“尊论

篆籀笔法递变各端，诚为不刊。今人作大篆，往往用小篆笔法，或杂用草隶体势，皆由未明此理。故绍宋当推先生所书金文为并世无两；岂唯并世，自明以来所鲜见。”

余氏所言令人叹服，正中黄宾虹金文书法之肯綮处。余、黄所处时代乃新考古学之前，人们多不知甲骨文与秦小篆之间尚有商周及先秦六国文字，而将秦小篆以及秦汉草隶与三代六国文字混为一谈；而黄宾虹则深明此中要旨，通晓“篆籀笔法递变”而擅书写，故能“并世无两，自明以来鲜见”，且能将大篆笔法引入绘画成为其绘画笔法之独家“不二法门”。

俞剑华论画识真谛

第十二章 俞剑华论画识真谛

“其古拙荒率之趣，不但为近人们所不能，亦且为近人所不识。”民国十八年，即公元1929年，沪上著名绘画史论家、书画家、美术教育家俞剑华，参观“寒之友”展览会所撰写之简评，盛称友人其画，溢美推崇如许，则为其友者，谁也？

“俞剑华君笔墨豪健古雅，近年山水专攻龚半千，偶作花卉，不名一家，出入白阳、复堂、石涛之间而别具面貌，字亦个体具备，尤长钟鼎与《书谱》，所辑《中国画家人名词典》，搜罗宏富，编制精详。”1929年7月，俞剑华与张大千联袂前往日本三岛举办画展，此乃当时《申报》报道文字，由此可知俞剑华之书画造诣暨学术研究已经卓然成一家，声望甚隆。俞剑华（1895—1975），原名琨，曾用名俞德，字剑华，以字行，山东济南人，师从著名美术家、艺术教育家陈师曾。俞氏一生用功勤奋，学艺醇博，不仅精于六法与八法，风格独具；而且于中国绘画理论、中国绘画史之研究成就卓著，见识高诣，著作等身，共计有近千万字美术史论方面著作问世。20世纪20年代后期，俞剑华开始专注于中国绘画之整体思考，比如1928年所发表《国画通论》一文，即集中体现出其对于中国绘画整体思考之后理论成果，所关注之国画之复兴、国画之价值、国画之改良，皆是20世纪初中国画坛之争论最激烈之学术焦点。当其时，中国画坛于西风东渐之下，“新画派”主张全盘“西化”以西方油画为最高鹄的，传统派则固守成法一味强

宋人脱去唐人
刻劃之迹沈雄
渾厚是其所
長 賓虹擬古

调“泥古”，“折中派”则主张融合中西。俞剑华则以为：“以古人的成法，参以个人的特性，另创出一种活气、有生命、有进步的绘画来，那么国画才算是复兴”，与黄宾虹之“入古出新”可谓“英雄所见略同”。是故，余氏独具法眼，能够一眼即看到挚友黄宾虹中国绘画之最特别处——“古拙荒率”，而黄氏山水绘画之最特别处却被当时许多人所不解所不能所不喜而为视为“另类”，正可谓“相识满天下，知音能几人”也。

1926年夏，上海之书画界发生了一个奇妙的误会：“余之识黄宾老在二十年前，时民国十五年，故友王季欢办王家印刷所于威海卫路杨家花园附近，出版《鼎脔》美术周刊。余在济南出版《翰墨缘》半月刊，并投寄画幅刊诸《鼎脔》。宾虹适迁居威海卫路、同孚路口有正书局宿舍内，见余画，以为余系其老友太仓俞剑华，遂寄一长函，述阔别之意。余复函说明，并致谢意。是年夏，余来上海，寓王家印刷所，与宾老相距咫尺，遂订忘年之交。”（俞剑华《怀黄宾虹先生》）而且是年重阳节，黄氏又携同俞剑华前往太仓访老友俞剑华，旧雨新知，欢聚一堂，诗酒书画，雅兴大发，“饮酒间畅谈甚快而大雨如注，雨声与谈笑声想和”。正是缘于此一奇妙之误会，黄氏与余氏不仅缔交，而且倾盖如故成为艺术知音挚友。黄宾虹于民国初年（1912）出走古歙而旅食沪上至20年代末，忽忽二十年光阴，其画学探索已经渐入佳境矣。与同一时代或稍前一些画家相比较而言，黄氏之绘画既非仅仅是为鬻画谋生，亦非只为于沪上谋求名声地位，而在于“本其深沉之心得，以治病救人之道，

引吭高呼，谓道咸金石盛起，为吾国画学之中兴，并迭见书写于诸绘画论著中，为后学指针，披荆斩棘，导河归海，冀挽回有清中叶以后绘画衰落之情势，其用心至重且远矣”（潘天寿），是故黄氏之于中国画之源流、变迁轨迹与内在逻辑加以多轮梳理和探究，甚至于西方现代绘画比如“印象派”“野兽派”做过“功课”并予以解读；学渊如海，而又眼界开阔，黄宾虹正是在此根基之上展开以振兴中国画学为宗旨之一系列艺术活动，同时孜孜不倦对中国画学进行深入研究与理论阐发和绘画创作。

自1926年至余氏撰写这篇画评之1929年，黄宾虹在此三四年间与朋友一起组办艺术团体，策划出版多种美术刊物，撰写阐发中国画学理论文章，参加各类画展，任职于多所美术院校教授，与朋友之间书画往来，接受友人要求前往广西讲学游览写生，以多重身份活跃于当时海上艺术界。此时之黄宾虹视野极其开阔，交游非常广阔，眼界特别高超，胸中学养与师法造化之积淀日益丰厚，诸如种种皆反馈于其绘画创作之中，故而形成其特立独行之绘画面貌。

黄宾虹之绘画，从早期清疏淡宕之“白宾虹”而到晚年浑融华滋之“黑宾虹”，并非一蹴而就，而是经历了几十年漫长而艰辛之思考与创作过程。既有画史资源之深厚积淀，亦存在着游历山川师法造化之感悟，当然亦离不开所处时代风气变易中为振兴中国画学的一些“变法”尝试与探索。1923年夏，黄宾虹作贵池之游，“解衣般礴坐其下，赤日当午忘梅炎。书签画轴纷披久，凉荫谡谡风生时。霜缣雪楮任挥洒，时喜晴辉落窗牖”（黄宾虹《贵池乌渡湖北垞古松歌》），与旧友们一起流连于青山秀水之间，共同沉醉于李白、杜牧、白居易、司马光、李清照、朱熹、王阳明、董其昌等文化先贤遗踪之中，诗画酬唱，享受陶令归田之乐。而翌年秋，黄氏又因避战乱与家人往居贵池，甚至因“山水朋友之乐，可以自适，较之吾歙似乎远胜”，而流连忘返，与老友汪律本书画遣怀，至冬尽才重又回沪。或许因为两次贵池之行，恰值盛夏与初秋，为皖南山区降雨最为集中之时，“无何淫霖作夏涨，众山云墨风兼施。阳侯乘威既骄虐，波涛澎湃山崩移”（黄宾虹《田》）。雨中江南之山川树木蓊蓊郁郁，深重而秾丽，令黄宾虹大饱眼福而印象深刻，从而使黄氏于笔法之偏重而转向对于墨法之大感兴趣；从此一时期开始，黄宾虹强调恢复晋唐人之“浓墨法”，其绘画开始特意关注画史中水墨淋漓一类画家，浓墨法、焦墨以及宿墨法为黄氏创作所喜用。

比如，其1925年《古画微》一文即提出“六法精进，必多读书行路，远师古人，近参造化，精神贯注，浑厚华滋”。文中对于善于用墨诸家多有论述，如论大米云：“又用王洽泼墨，参以破墨、积墨、焦墨，故融厚有味”；论“小米”云：“然其水墨，要皆数十百次积累而成，故能丹碧绯映，墨彩莹鉴”；论吴镇云：“故其笔端豪迈，墨汁淋漓”。1925年《鉴古名画论略》论高克恭云：“笔踪谨严，尤重用墨，峦头树顶，浓于上而淡于下，为独得之法”；论吴镇云：“山水师巨然，有带湿点苔之法，得宋人三昧”。1929年《虹庐画谈》云：“（清湘老人）晚年自署耕心草堂之作，则粗枝大叶，多用拖泥带水皴，实乃师法古人积墨、破墨之秘。从来墨法之妙，自董北苑、僧巨然开其先，米元章父子继之，至梅道人守而弗失。明代沈石田翁，全在苍润二字用功”。“石涛全在墨法力争上游”，“米氏《画史》云：中立晚年来用焦墨甚多。然用焦墨，非学力深入堂奥，不敢着笔。可知古人用笔之外，尤重用墨，画中三昧，舍笔墨无由参悟”。黄宾虹此一时期之绘画，1926年应老友蔡守所请为谈月色作《焦墨粗笔山水册》，同年作《雨后游齐山》，自题诗有“山含湿翠活云多”句。1927年作《练滨草堂图》，自题诗有“松雪衡山六法工，中锋破墨生奇特”句。1928年黄宾虹应邀前往广西讲学，游览桂林一带奇山异水，期间曾至广州老友蔡守处为谈月色讲授绘画用笔用墨之“三如笔法七色墨”（谈月色《宾虹师过香港，因病未能晋谒成五首》之一），鉴赏蔡氏所收藏清代孟丽堂画，极为称赏孟氏擅用宿墨，上述种种皆显示出黄氏对于墨法之研究热情与密切关注度之高。

当然，此时黄氏之山水，只是处于一种由重笔之“白宾虹”转而重墨之“黑宾虹”之开始转型时期，其绘画创作依然凸显着以往之笔墨特征，讲究“以字作画”，十分注重用笔，依然遵循着幼时所受师训——“当如作字法，笔笔宜分明”。1928年，黄氏与忘年交陈柱书中，有专论笔力关乎气韵一段：“鄙人近悟一用笔之理，尝见汽车连轴行铁轨上，远观似甚缓，缓而不滞，近观则电掣风驰，迅速而不浮动，若疾若徐，圆转自如，虽动而静，可悟静之理。四通八达之衢，轮蹄辐辏，往来如织，而经纬错综，不相倾轧。书法中所称担夫争道，争中有让，即画中之布白法；争而后有气，气愈足则让处皆是力。晋宋画已有虫啮木，自然成文之妙。晋魏人写经，最得斯诣。唐人有意让匀，即为失之。宋至苏、米，明争暗让，古法犹存。清代书家，知之已鲜，画更无论。”

是故，时人眼中所见此时黄宾虹绘画所呈现之风格面貌，观点基本一致，皆共同揭示出黄宾虹氏此时之画风特征。如1928年《烂漫社同人画册第一集》小传：“宾虹散人，画法初师明贤文、沈、唐、董，旅沪二十年，搜览宋元墨迹，临摹百数十本，日夕观摩，经游浙江山水名胜，积稿盈尺，近复点染成幅，不袭前人面目云。”同年俞剑华所写《天马观画记》：“黄宾虹君山水，浑穆淡远，直超明贤。”稍后俞剑华撰写《秋英先参记》：“宾虹先生山水神似明贤，沈潜于宋元者深，而独具面貌，集新安派之大成。”名报

宋人脱去唐人
刻劃之迹沈雄
渾厚是其所

人程沧波所写《秋英会读画记》："宾虹笃守古法，不染时尚，新安一脉阶梯有自。"陈柱《题黄宾虹先生山水横轴》："谈者如读渊明诗，奇者可与樊文俦。沉雄可似工部句，壮丽岂异平原讴。"1929年，俞剑华所写《寒之友展览会简评》："黄君宾虹山水，集成新安，其古拙荒率之趣，不但为近人们所不能，亦且为近人所不识。"

冷寂荒寒、简素、率真、静穆、浑厚、沉雄、古雅，黄宾虹氏绘画所呈现之如此大美之境，而置身于民国时期迎合市民阶层审美趣味商品画盛行之海上画坛，必定曲高和寡——"不但为近人们所不能，亦且为近人所不识"。然而，知音虽少终究有，黄宾虹之画大雅而解人难遇，依然尚有慧眼如俞剑华者，笔墨之契，玄言倾赏，知音之乐，乐莫大焉。

初中海作品鉴赏

后记

高山仰止
—— 我的文字版《庐山高图》/ 初中海

“陈夫子，今仲弓，世家庐之下，有元厥祖迁江东。尚知庐灵有默契，不远千里钟于公。公亦西望怀故都，便欲往依五老巢云松。昔闻紫阳祀六老，不妨添公相与成七翁。我常游公门，仰公弥高庐。不崇丘园肥遁七十，著作白发如秋蓬。文能合坟诗合雅，自得乐地于其中。荣名利禄云过眼，上不作书自荐，下不公相通。公乎！浩荡在物表，黄鹄高举凌天风。”

“人生七十古来稀。”成化丁亥那一年，即公元1467年的端阳节，沈周为授业恩师陈宽过70岁生日而精心绘制了一幅尺寸惊人的山水画而祝寿。陈宽，字梦贤，号醒庵。他的先祖是江西人，后人迁移到苏州一带居住。陈宽是当时的经学大家，工诗文，通晓书画。沈、陈两家是世交，沈周的祖父沈澄与陈宽的父亲陈惟允是好友，沈周的伯父与父亲都是拜陈惟允为师，沈周从少年时代就遵从父命拜陈宽为师学习诗文书画，学业得以大进，尤其诗词歌赋，更是受教于陈师。沈周铭记老师的恩德，特意选取老师祖籍江西的庐山，精心绘制了这幅《庐山高图》，赞美老师的道德高尚如“庐山之高”，表达自己对老师的“高山仰止，景行行止”的崇高敬意。

2015年，正值黄宾虹先生诞辰150周年，我在这一年的9月第三次进黄山写生，也是第三次到歙县黄宾虹先生的故居去凭吊、追思、缅怀，写生回来后开始动笔写作《海上“虹”影——黄宾虹海上三十年艺术活动之雪泥鸿爪》。

黄宾虹先生44岁时，如同惊鸿一羽，振翅高飞，离开了万山深处的家乡徽州歙县，来到灯红酒绿光怪陆离的十里洋上海，雪泥鸿爪三十年整。众所周知，20世纪初，西风东渐，传统的中国画学正处于被动地接受着欧风美雨的强力冲击而萎靡退缩呈现颓势的时期，黄宾虹先生就是以一种“士不可以不弘毅，任重而道远”的强烈的责任感和使命感，积极奔走，致力于中国画学的振兴。

海上三十年，是黄宾虹先生一生中最年富力强的时期，他精力超常，身兼多种身份，异常活跃于沪上的出版界、报界、各个美术学校、各种文化艺术团体、收藏界、古玩界。他学问做得好，对中国传统画学有独到而深刻的见解，有连篇累牍的画学理论文章见报，可以说是沪上画坛的空谷足音。他的收藏非常宏富，涉猎的门类很广，尤其是三代的玺印收藏称得上是海内第一，又精于鉴赏，造诣精深。他编辑的《美术丛书》堪称一项浩大的文化工程，具有极高的学术价值。他的绘画，远离时尚，独守高格，深入宋元堂奥，一时无两。他做人讲究，具有真挚的爱国情怀，梅花一般的品格，为人急公好义，有古代君子之风，深受朋友们的推崇。种种说不尽的传奇，道不完的轶事，多姿多彩的人生，璀璨绚丽的“虹”影是如此令我惊叹，令我惊奇，令我不由自主地去探索去研究去发现个中的无穷奥妙。

尤其是我的焦墨山水远接宋元，私淑于黄宾虹先生。黄宾虹先生的高尚人品、丰富学养和博大精深的艺术，给予了我极大的教益和滋养，我对恩同再造的黄宾虹先生的敬仰之心如同沈周爱戴自己的启蒙恩师一般“高山仰止，景行行止”！所以，我这部书稿就是一幅文字版的《庐山高图》，字里行间充盈着我对黄宾虹先生的深厚的真挚情感。

农历丙申年（2016）

暮春三月于一道艺术馆

予虹识

图书在版编目（CIP）数据

海上虹影 ：黄宾虹上海三十年艺术活动之雪泥鸿爪 / 初中海著．— 北京 ：中国书店，2017.3
ISBN 978-7-5149-1662-1

Ⅰ．①海… Ⅱ．①初… Ⅲ．①黄宾虹（1864-1955）—生平事迹 Ⅳ．①K825.72

中国版本图书馆 CIP 数据核字（2017）第 044284 号

海 上 虹 影 ——黄宾虹上海三十年艺术活动之雪泥鸿爪
著　　者：初中海

责任编辑：晏如
装帧设计：东方手礼文化创意设计公司
出版发行：中国书店
地　　址：北京市西城区琉璃厂东街 115 号
邮　　编：100050
经　　销：全国新华书店
制版印刷：北京久佳印刷有限责任公司
版　　次：2017 年 3 月第 1 版
印　　次：2017 年 3 月第 1 次印刷
开　　本：787 毫米 × 1092 毫米　1 / 16
印　　张：12.5
书　　号：ISBN 978-7-5149-1662-1
定　　价：120.00 元